近代精神文化系列

法制史话

A Brief History of Legal System in China

李 力 / 著

社会科学文献出版社
SOCIAL SCIENCES ACADEMIC PRESS (CHINA)

图书在版编目（CIP）数据

法制史话/李力著. —北京：社会科学文献出版社，
2011. 10
（中国史话）
ISBN 978 - 7 - 5097 - 2679 - 2

Ⅰ. ①法…　Ⅱ. ①李…　Ⅲ. ①法制史 - 中国
Ⅳ. ①D929

中国版本图书馆 CIP 数据核字（2011）第 175853 号

"十二五"国家重点出版规划项目

中国史话·近代精神文化系列

法制史话

著　　者／李　力

出 版 人／谢寿光
出 版 者／社会科学文献出版社
地　　址／北京市西城区北三环中路甲 29 号院 3 号楼华龙大厦
邮政编码／100029

责任部门／人文科学图书事业部　（010）59367215
电子信箱／renwen@ ssap. cn
责任编辑／梁艳玲
责任校对／宋荣欣
责任印制／岳　阳
总 经 销／社会科学文献出版社发行部
　　　　　（010）59367081　59367089
读者服务／读者服务中心（010）59367028

印　　装／北京画中画印刷有限公司
开　　本／889mm×1194mm　1/32　印张／5.5
版　　次／2011 年 10 月第 1 版　　字数／98 千字
印　　次／2011 年 10 月第 1 次印刷
书　　号／ISBN 978 - 7 - 5097 - 2679 - 2
定　　价／15.00 元

《中国史话》
编辑委员会

总　序

　　中国是一个有着悠久文化历史的古老国度，从传说中的三皇五帝到中华人民共和国的建立，生活在这片土地上的人们从来都没有停止过探寻、创造的脚步。长沙马王堆出土的轻若烟雾、薄如蝉翼的素纱衣向世人昭示着古人在丝绸纺织、制作方面所达到的高度；敦煌莫高窟近五百个洞窟中的两千多尊彩塑雕像和大量的彩绘壁画又向世人显示了古人在雕塑和绘画方面所取得的成绩；还有青铜器、唐三彩、园林建筑、宫殿建筑，以及书法、诗歌、茶道、中医等物质与非物质文化遗产，它们无不向世人展示了中华五千年文化的灿烂与辉煌，展示了中国这一古老国度的魅力与绚烂。这是一份宝贵的遗产，值得我们每一位炎黄子孙珍视。

　　历史不会永远眷顾任何一个民族或一个国家，当世界进入近代之时，曾经一千多年雄踞世界发展高峰的古老中国，从巅峰跌落。1840 年鸦片战争的炮声打破了清帝国"天朝上国"的迷梦，从此中国沦为被列强宰割的羔羊。一个个不平等条约的签订，不仅使中

1

国大量的白银外流，更使中国的领土一步步被列强侵占，国库亏空，民不聊生。东方古国曾经拥有的辉煌，也随着西方列强坚船利炮的轰击而烟消云散，中国一步步堕入了半殖民地的深渊。不甘屈服的中国人民也由此开始了救国救民、富国图强的抗争之路。从洋务运动到维新变法，从太平天国到辛亥革命，从五四运动到中国共产党领导的新民主主义革命，中国人民屡败屡战，终于认识到了"只有社会主义才能救中国，只有社会主义才能发展中国"这一道理。中国共产党领导中国人民推倒三座大山，建立了新中国，从此饱受屈辱与蹂躏的中国人民站起来了。古老的中国焕发出新的生机与活力，摆脱了任人宰割与欺侮的历史，屹立于世界民族之林。每一位中华儿女应当了解中华民族数千年的文明史，也应当牢记鸦片战争以来一百多年民族屈辱的历史。

当我们步入全球化大潮的21世纪，信息技术革命迅猛发展，地区之间的交流壁垒被互联网之类的新兴交流工具所打破，世界的多元性展示在世人面前。世界上任何一个区域都不可避免地存在着两种以上文化的交汇与碰撞，但不可否认的是，近些年来，随着市场经济的大潮，西方文化扑面而来，有些人唯西方为时尚，把民族的传统丢在一边。大批年轻人甚至比西方人还热衷于圣诞节、情人节与洋快餐，对我国各民族的重大节日以及中国历史的基本知识却茫然无知，这是中华民族实现复兴大业中的重大忧患。

中国之所以为中国，中华民族之所以历数千年而不分离，根基就在于五千年来一脉相传的中华文明。如果丢弃了千百年来一脉相承的文化，任凭外来文化随意浸染，很难设想13亿中国人到哪里去寻找民族向心力和凝聚力。在推进社会主义现代化、实现民族复兴的伟大事业中，大力弘扬优秀的中华民族文化和民族精神，弘扬中华文化的爱国主义传统和民族自尊意识，在建设中国特色社会主义的进程中，构建具有中国特色的文化价值体系，光大中华民族的优秀传统文化是一件任重而道远的事业。

当前，我国进入了经济体制深刻变革、社会结构深刻变动、利益格局深刻调整、思想观念深刻变化的新的历史时期。面对新的历史任务和来自各方的新挑战，全党和全国人民都需要学习和把握社会主义核心价值体系，进一步形成全社会共同的理想信念和道德规范，打牢全党全国各族人民团结奋斗的思想道德基础，形成全民族奋发向上的精神力量，这是我们建设社会主义和谐社会的思想保证。中国社会科学院作为国家社会科学研究的机构，有责任为此作出贡献。我们在编写出版《中华文明史话》与《百年中国史话》的基础上，组织院内外各研究领域的专家，融合近年来的最新研究，编辑出版大型历史知识系列丛书——《中国史话》，其目的就在于为广大人民群众尤其是青少年提供一套较为完整、准确地介绍中国历史和传统文化的普及类系列丛书，从而使生活在信息时代的人们尤其是青少年能够了解自己祖先的历史，在东西南北文化的交流中由知己到知彼，善于取人之长补己之短，在中国与世界各国愈来愈深的文化交融中，保持自己的本色与特色，将中华民族自强不息、厚德载物的精神永远发扬下去。

《中国史话》系列丛书首批计 200 种，每种 10 万字左右，主要从政治、经济、文化、军事、哲学、艺术、科技、饮食、服饰、交通、建筑等各个方面介绍了从古至今数千年来中华文明发展和变迁的历史。这些历史不仅展现了中华五千年文化的辉煌，展现了先民的智慧与创造精神，而且展现了中国人民的不屈与抗争精神。我们衷心地希望这套普及历史知识的丛书对广大人民群众进一步了解中华民族的优秀文化传统，增强民族自尊心和自豪感发挥应有的作用，鼓舞广大人民群众特别是新一代的劳动者和建设者在建设中国特色社会主义的道路上不断阔步前进，为我们祖国美好的未来贡献更大的力量。

陈奎元

2011 年 4 月

⊙李力

作者小传

李力，1964年出生。北京大学法学学士、法学硕士，中国政法大学法学博士。曾任中央民族大学法律系副教授、台北"中研院"历史语言研究所客座研究员、日本东京外国语大学AA研客座教授。现为中国青年政治学院法律系教授，中国法律史学会常务理事，日本东洋法制史学会会员。研究领域为中国法制史。著有《"隶臣妾"身份再研究》（中国法制出版社，2007）等。

目 录

引 言

16 世纪，脍炙人口的《马可·波罗游记》所描绘的富有的东方大国的形象，鼓起了西方殖民者寻找通向东方新航路的风帆。

1553 年，葡萄牙殖民者从里斯本起航，绕过好望角，经印度洋继续东行，入据中国澳门。此后，西方传教士接踵而至。经过半个世纪无数次的尝试，西方传教士最后选择了学术传教的途径。1601 年，利玛窦到达北京，西方传教士叩开中国大门的愿望终于得以实现。基督教继唐代、元代两次传入中国之后，第三次传入中国，从而导致了佛教以后外来文化的第二次大规模输入。以基督教文明为中心的西方文化与中国传统文化开始有了直接接触。

传教士的学术传教方式，客观上为西方文化在中国的传播奠定了基础。但是从总体上看，明末的传教士仅把注意力放在宗教上，当然也有少量的自然科学知识，西方的法律、法学在传教士站稳脚跟之前并未与中国传统法制有过接触，尽管许多传教士本身又是法学家。

直到清初，西方传教士才开始把西方法律、法学带到中国。而最早传入的则是国际法。

据说，大约在 1648 年，来中国传教的意大利传教士马丁·马提尼，曾经将苏阿瑞兹的国际法著作译成中文。

17 世纪初期正是近代国际法在欧洲形成之际。1625 年，第一部有完整体系的国际法著作格劳秀斯的《战争与和平法》的出版，首创了近代国际法的原则、体系，为近代国际法的形成奠定了基础。1648 年的《维斯特伐利亚和约》则标志着近代国际法的形成，其主要原则如主权平等、领土主权平等已经确立。此后，经过半个世纪的实践，直到 17 世纪末叶，欧洲各国才普遍受国际法的约束。可见，当苏阿瑞兹的国际法著作被译成中文时，整个欧洲还没有形成具有普遍约束力的国际法规范。

马丁·马提尼所译苏阿瑞兹的国际法著作，在当时的中国可能并未出版，但这却是中西法律文化的第一次接触，尽管当时的清政府对外来文化持小心翼翼的谨慎态度。

苏阿瑞兹的国际法著作被译成中文一事，像一块很小很轻的碎石扔进一个又深又大的死水潭中，并未激起多少涟漪。不过，当这块碎石落入潭底时却非常意外地产生了微小的冲击。

40 年后，即 1689 年，中国与俄国订立了《尼布楚条约》。这是近代中国与外国所订立的第一个国际条约。无论从缔约谈判的过程，还是从缔结的条约本身来看，中国都在这次国际交往实践中恰到好处地利用了刚刚知晓的国际法知识。

《尼布楚条约》的正本使用了拉丁文，其写制、签署、盖印和互换都严格遵守了国际惯例。尤其在其中加入法令，这是从《维斯特伐利亚和约》以来条约惯用的办法。这一切都说明，《尼布楚条约》确实受到国际法的影响。事后，中俄双方也都认为该条约是在国际法关于国家主权平等原则基础上订立的。今天的历史学家也是这样评价这个条约的。

虽然在尼布楚外交实践中，中国第一次适用了国际法原则，但是不能以此断定清政府或康熙皇帝已完全接受了国际法。因为从 1689 年至 1839 年的 150 年间，无论是在中国的学术界还是在官方均未发现有人谈及国际法。同时，中国史书对这次谈判的详细过程及条约文本也忽略了。这反映了当时适用国际法并不是自觉的。康熙皇帝派代表团去遥远的边境，以国际法为依据订立条约，也清楚表明他不愿此事引起中国人的注意，不愿因此触犯公众的苦衷。

可见，18 世纪以前，中国传统法律虽然受到了第二次大规模外来文化的冲击，但其影响非常有限。闭关锁国的城墙阻遏了外国法的传入。清政府对外国法从整体上持排斥态度。

此后，随着西方殖民势力的扩张，涉外刑事案件屡屡发生。例如 1772 年，澳门发生一起凶杀中国居民案件，英国人斯高特被控犯有谋杀罪。但由澳门葡萄牙殖民当局组织的法庭却为斯高特开脱罪责，宣判无罪释放。清政府坚决不承认这一判决，要求将"斯高特案"移交中国政府审理。次年，葡萄牙殖民当局迫于压力不得不将斯高特移交清政府。于是，依据《大清律例》，斯高特被判处死刑。斯高特成为18世纪多起涉外刑事案件中第一个被中国政府依中国法律判处死刑的英国人。随后，乾隆皇帝谕令：今后凡属澳门外国人杀害中国居民案件，罪犯应处斩、绞死刑者，一律由中国地方政府审理，并将案卷报刑部存查，地方官员会同澳门葡萄牙当局依法就地处决凶犯。清政府这一规定，给西方列强尤其英国政府以极大的刺激。中西法律制度的冲突从此拉开了序幕。

1784年11月24日，停泊在广州的英国商船"赫符斯"号在事先未通知船外人员的情况下，从舱眼向外发射礼炮，致使三名中国水手被击中，其中二人不久死亡。次日，清朝官员通知英国大班，速将开炮者送到广州城内受审。但是，英国大班却谎称该炮手已逃走，要求以另一人代为受审，并将地点改在英国商馆内。清政府官员则坚持必须交出凶手。由于英方故意拖延不交，11月27日，广东巡抚孙士毅下令逮捕英国大班，并中断中英贸易，调军队切断其退路，限期交出凶手。11月30日，英方被迫交出一直躲在"赫符斯"号上的炮手。乾隆皇帝随即颁旨，要求查明凶犯，在外国人面前处以绞刑，以示惩儆。经孙士毅会同两广总督舒常等人审讯，并传集十三行外商，该英国炮手被当场处以绞刑。

"赫符斯"号案加剧了中英两国的法律冲突，甚至对中英两国的外交关系产生了深远的影响。驻在广州的英国大班深深感到中国法律的威胁，却由于经济利益又不能停止与中国的贸易。于是，他们上书英国政府，要求派遣外交使团与中国政府协商解决法律冲突。

1792 年，英国国王派遣乔治·马戛尔尼勋爵为特使，率 600 余人的使团访华。马戛尔尼此行的目的之一，是获得刑事裁判权，也就是由英国人主持对其本国犯人的审讯，中国官员只能在场监督。但遭到了清政府的拒绝。

中英法律冲突的原因之一是两种文化背景之下的法律之间的差异性。在古代中国法律中，"杀人偿命"并株连亲属，被视为天经地义的原则；而在英国近代法律中，虽然"杀人偿命"也成立，但是在判决之前当事人是被推定无罪的，定罪量刑必须由陪审团及法官组成法庭审理。而且罪止其本人并不连带亲属。这种差异性，决定了清政府的封建法制势必与西方近代法制发生冲突。

然而，从另一方面看，作为一个主权独立的国家，清政府要求入境的外国人遵守《大清律例》，本无可非议，尤其 18 世纪是一个根本没有公认的国际法准则的时代。英国近代的法律固然比大清的封建律例进步、公正，但到中国来的英国人如果据此而侵犯中国主权，不遵守中国法律，甚而提出进一步要求，显然也是毫无道理的。其结果，不仅不能解决问题，反而还会加剧两种法律的冲突。

19 世纪初，中国的士大夫从 18 世纪后半叶的一系列涉外刑事案件及外交事件中预感到大清帝国已经开始走向衰败，并且正面临着西方侵略的危险。如，包世臣、龚自珍在20年代就曾预见到英国将会对中国发动武装侵略，吁请清政府早作准备。龚自珍认为，乾隆之后的清王朝已走向没落，好像一个气息奄奄的病人。整个社会时局动荡，危机四伏，一片黑暗，已经到了非改革不可的时候了，否则将难逃覆灭的命运。而要改革，首先必须"更法"。他进而指出，苛细的《大清律例》就像一条巨绳紧紧捆绑着人们的手脚，吏治越来越腐败，最终必然导致狱讼的黑暗，因此要变革法制就必须解放思想，改变"祖宗之法"不可变的传统观念。

在中国封建社会大兴文字狱的时候，龚自珍大胆"议政"，确实开了风气之先，尤其是提出要改变"祖宗之法"，彻底改革封建法制，表明在西方文明的影响下，传统法律观已经开始动摇，并暗含着裂变的契机；也意味着近代中国的知识分子逐渐告别崇古心理及墨守成规的政治性格而走向世界，迈入近代的门槛。尽管龚自珍未能跳出封建主义的栅栏，但在中国社会进入近代的大变动时期，他的呐喊仍不愧是"时代的号筒"，吹奏出变革的时代强音，成为晚清法制变革的前奏曲。

一　权利本位法律观的形成

📖 林则徐、魏源与国际法的传入

1839 年 9 月，湖广总督林则徐上书道光皇帝，痛陈英美列强对中国大量倾销鸦片的危害，主张严加查禁鸦片，否则数十年后，"中国几无可以御敌之兵，且无可以充饷之银"。同年 12 月底，道光帝任命林则徐为钦差大臣，前往广东查禁鸦片。

鸦片早在唐朝就已传入中国，但数量很少，仅供药用。明朝以后将鸦片列入药材并征税。17 世纪，吸食鸦片的方法从南洋传入中国。1729 年，雍正皇帝谕令禁止吸食鸦片；1796 年，朝廷下诏停止对鸦片征税，严禁鸦片输入。于是，鸦片贸易成为非法的走私贸易。但是，18 世纪末 19 世纪初，英国东印度公司却向中国大量倾销鸦片，数量至 1838 年竟达 4 万余箱。美国、俄国等列强也仿效英国。鸦片潮涌而入给中国社会带来了巨大的灾难，不仅严重损害了中国人的健康，而且引起中国的白银大量外流。据统计，从 1800 年至 1839 年，英、美鸦片贩子从中国掠夺了价值 4 亿银元的财富。

当时，林则徐手下的一名主要译员袁德辉建议，"筹办夷务"的当务之急是立即翻译瑞士法学家、外交家瓦特尔（旧译"滑达尔"）的名著《国际法》。该书是作者在长期外交工作的实践基础上写成的，以实用为目的，阐述了国家主权思想，主张不干涉内政原则，代表了 18 世纪国际法发展的最高水平。因此，自 1758 年出版后，曾在欧洲风行一时，成为西方法学界、外交界的权威性著作。各国均有译本，并多次再版，流传甚广，影响颇大，以致瓦特尔在国际上的声望超过了格劳秀斯。

林则徐采纳了这一建议，命袁德辉迅速译出急需的有关章节。

袁德辉是四川人，1800 年出生，1825 年至 1826 年曾在槟榔屿天主教学校和马六甲英华书院学习过拉丁文和英文。不久，经人推荐入理藩院任翻译，后来随林则徐到广州，成为其手下的主要译员，林氏的许多译著均出自其手。

于是，袁德辉找来 1833 年美国费城出版的瓦特尔《国际法》一书的英译本，翻译出有关战争的内容，包括封锁、禁运等。

当时，广州有一个行医传教的美国传教士派克也看到了中英关系紧张局势的严重性。作为基督教新教派往中国的第一任医务传教士，派克不希望中英之间发生战争，从而影响基督教在华的传教事业。为此，他给钦差大臣林则徐写了一封信，建议林则徐应该了解外国法律，通过订立条约来解决中外争端。毫无疑问，派克这封信对于林则徐决定翻译瓦特尔的国际法著作，并运用国际法处理中外交涉是有启发的。

1839 年 7 月，林则徐托人将袁德辉所译的瓦特尔著作的部分译文转交给派克，并要求他将瓦特尔的《国际法》译成中文。9 月初，派克完成了林则徐要求翻译的章节。

这样，在林则徐的主持下，美国传教士派克和林则徐的译员袁德辉共同翻译了瑞士法学家瓦特尔《国际法》的部分章节。中国第一部国际法译著，尽管是节译本，但终于完成了。

林则徐在广东禁烟期间，还组织翻译了英国人慕瑞的《地理大全》一书，后经润色编成中国第一部系统的世界地理志《四洲志》。该书比较全面地介绍了世界五大洲 30 多个国家的历史、地理、政治概况。1841年 6 月，被贬伊犁的林则徐途经镇江时，把《四洲志》及国际法译著交给好友魏源，嘱其尽快编撰刊行，以便促使处于封闭状态的中国人睁开眼睛看世界，认清天下大势。

1842 年 12 月，魏源以《四洲志》等中外文献资料为基础，整理、汇编成《海国图志》一书。林则徐主持编译的第一部国际法中文节译本也以《各国律例》之名被编入其中。

《海国图志》一书总结了鸦片战争的经验教训，旨在探求富国强兵、抵御列强之道，主张学习西方科学技术，"师夷长技以制夷"。在鸦片战争刚刚结束不久，就敢于提出向自己的敌人学习，确属大胆惊人之举，表明一部分先进中国人的观念已经开始发生质变。

1847年、1852年，随着《海国图志》的不断增订、重刊，《各国律例》在晚清社会广为流传，并产生了巨大的影响。19世纪50年代，《海国图志》甚至流传到日本，成为日本朝野上下的重要启蒙读物。其中的《各国律例》也被翻译刊刻，对日本的明治维新起到了一定的推动作用。

鸦片战争爆发之前，西方资本主义列强入侵的危机，促使一些开明的封建士大夫最先从封建的闭关自守的昏睡状态中觉醒，以全新的态度睁眼看世界。林则徐不仅是近代中国睁眼看世界的第一人，而且也是最早介绍、引进外国法，学习、适用外国法的第一人。

福建地处中国东南沿海。这里的经济发达，资本主义萌芽出现较早。由于濒临海洋，因而接触外界的机会比较多。生于斯长于斯的林则徐从小便对东西方世界有所耳闻，这使他具有一种不受封建传统观念束缚、易于接受新鲜事物的开放性格。1806年，这位年仅21岁的青年举人前往厦门任海防同知房永清的书记。当时厦门已有很多外国商船驶入。对洋商贸易的接触和管理，使林则徐对海外事物有了直接的了解，对海外的先进事物有了感性认识。他开始认识到西方资本主义列强有中国所没有的"长技"，于是便产生了学习西方的愿望。正因如此，林则徐才能够最先接受并研究国际法，组织人翻译国际法著作，并在其对外交涉的禁烟运动和在当时的国际交往中，大张旗鼓地将国际法付诸实践。

1839 年 7 月 7 日，5 名英国水手在尖沙咀登岸行凶，殴打中国居民，林维喜因伤重于次日死亡。这就是著名的"林维喜案"。

案发后，林则徐认真调查案情，并研究了国际法，依据袁德辉所译瓦特尔《国际法》一书中的国家主权原则，要求英方引渡罪犯。但是，英国驻华商务监督义律却无视中国主权，将凶手藏匿在英国船上，拒不交出，并企图以 1500 银元贿买死者家属，私下了结此案。后来英方在停泊于中国领海的一艘英国船上，组织临时法庭自行审判，判决 5 名凶手凶杀之罪不成立，只是酗酒作乱，仅处以 3 至 6 个月的监禁及 60~80 元的罚金。对此，林则徐为捍卫国家主权，向英方提出严正抗议，要求英方按国际法办事。虽然没有结果，但说明林则徐在禁烟运动中，凡是涉及中外争端，都非常注意运用国际法武器，进行外交斗争。同时表明国际法在强权面前也并不是万能的。

林则徐到广州后不久，就明令宣布鸦片是违禁品，要求各国烟贩子交出鸦片。这是符合国际法的。袁德辉、派克所译的《各国律例》中有关于国家有权宣布外国货物违禁的规定。凡是外商交出鸦片的，林则徐每箱酌给茶叶 5 斤或大黄若干斤，以为补偿，共缴获鸦片 2 万余箱。而在《各国律例》中关于违禁物品的处置，袁氏的译文是"将船并货入官充公"，派克的译文则是"变价充公"。显然，在这一点上，林则徐主要参照了派克的译文。后来，林则徐自己评价说，虎门销烟，"未尝烦一兵、折一矢"。这恰恰表明林则徐在禁烟过程中恰当地利用国际法，不战而胜。

《各国律例》袁氏译文中有这样一条规定："欲与外国人争论，先投告对头（方）之王。"据此，1839年8月，林则徐起草了给英国政府的照会即《谕英吉利国王檄》，经道光皇帝批准，请人将这篇照会译成英文并交英国商船带往伦敦。在照会中，林则徐明确指出，根据国际法中的国家主权原则，各国均有权管辖本国境内的外国人。而英国鸦片商人在中国境内走私贩卖鸦片是违反中国法律的可耻行径，因此，必须在一年半之内，"将鸦片永断来源"，否则将按中国法律严惩不贷。在当时的中国，以国际法为准绳，平等地照会外国政府，实属罕见之举。由此可见，对国际法研究有素的林则徐确实是中国近代国际法的开山鼻祖。

林则徐主持翻译国际法著作就是为了"师夷长技以制夷"。这种研究现实生活中实际问题的"经世致用"的思想、方法，开始转变以往儒家埋首故纸堆、皓首穷经的"理学"学风，从而打破了学术界万马齐喑的局面，在思想上为中国社会的近代化开辟了道路。这是150年前康熙皇帝做梦都不会想到的。

150年前，康熙皇帝在"下不为例"的默许中羞羞答答地实践了一回国际法；150年后，林则徐大张旗鼓地运用国际法于对外交往实践中，并借此在禁烟运动中对英国商人采取强硬立场。从某种意义上讲，这不仅反映出人们对西方文化尤其是西方法律的看法有根本的改变，即从被动、不得不适用到主动、自觉地运用。这种变化也表明，中国法制乃至中国社会近代化的过程即将开始。尽管在今天看来，林则徐对外国法的认识还比较肤浅，并且由于鸦片战争的爆发，西方列强的侵入及林则徐的被革职，致使刚刚介绍到中国的国际法尚未进一步发展就中断了。但是，林则徐主持翻译、介绍引进国际法并在禁烟中付诸实践，其积极作用不容忽视，认为林则徐拉开了中国法制近代化的帷幕并不为过。

魏源紧随林则徐之后，为西方近代法律在中国的传播作出了贡献。当然，其《海国图志》一书的出版始终未能得到清政府的重视。不过，清政府默许此书出版并多次重刊，毕竟说明它对西方文化已不再持完全否定、排斥的态度。

尽管魏源"师夷"说的内容仅限于学习西方的军事和科技，尚未涉及学习资产阶级法制的问题，但《海国图志》收入《各国律例》，并对美国的民主政治和司法制度也有所记述。魏源在《海国图志》中流露出对西方资本主义政治、法律制度的仰慕之情，并朦朦胧胧地开始将西方资产阶级民主制视为比中国封建君主专制优越的一种制度。可以说，这是中国知识分子接触并研究西方法律的开端。晚清中国社会沉闷的学术气氛中终于注入了一点新鲜的空气，这对于冲破传统法律观的束缚，转变思想风气有着极其重要的意义。

魏源《海国图志》的刊行，在客观上促进了西方法文化在中国知识阶层及民间的流传，进而推动了中国人传统法观念的嬗变。尽管《海国图志》收录的西方法律资料并不多，其评价、认识还比较浅显，甚至是错误的，但并未影响它对后人的启蒙作用。19世纪后半期，洋务派大量引进西方法律以及资产阶级改革派要求采用西方法律的主张，都是沿着林则徐、魏源所开创的道路发展而来的。

从林则徐、魏源直至19世纪80年代末期，正是鸦片战争后西方法律文化输入、传播的初期。林则徐、魏源所倡导的了解西方、学习西方的开放思想正是顺应了中西文化交流的大趋势，对中国近代法律观的形成及发展产生了巨大的影响。

② 洋务派的法律观

1864年初，欧洲爆发了普丹战争。普鲁士与丹麦因领土问题大动干戈。同年3月，普鲁士政府任命了一位名叫李斯福的官员为驻北京公使。4月，李斯福乘普鲁士军舰到达天津大沽口时，遇到了3艘丹麦商船，遂以战时对付海上敌产为由，下令将其拿获。到北京后，李斯福照会清政府总理衙门，希望得到清政府的认可。总理衙门则依据《万国公法》，向普鲁士提出抗议，指出：渤海湾是中国的内海，普鲁士军舰在专属中国管辖的海域拿获丹麦商船，侵犯了中国的主权，违反了国际法关于领海的原则。后经多次交涉，丹麦商船被释放。

这是鸦片战争后清政府第一次公开适用国际法处

理对外交涉事件。从中清政府似乎也认识到国际法还是有一定作用的，从而改变了以往对外来法律的看法，在后来办理"洋务"时也注意以国际法为依据。

第二次鸦片战争的大炮再次破坏了"天朝"皇帝的权威，并且永远打开了大清帝国闭关自守的大门，迫使"天朝帝国"开始走向陌生的"地上世界"，处理与西方各国的关系。

1861 年 1 月，清政府设立了"总理各国事务衙门"，简称"总理衙门"，成为办理洋务及负责外交事务的中央机构。接着，任海关总税务司的英国人赫德将美国著名的国际法学家惠顿的《国际法原理》关于使节权的 24 节译成中文，供总理衙门派遣驻外使节之用。清政府中标榜"自强求富"的洋务派，由此进行了一系列与西方列强有密切联系的军事、政治、经济、文教及外交活动。随后，中国历史上出现了大规模的第三次外来文化的输入。于是，封闭的中国传统文化的外壳开始出现了裂缝，以坚船利炮为后盾的西方文化源源不断地从这个裂缝中输入进来。

1862 年，美国传教士丁韪良开始着手翻译惠顿的《国际法原理》一书。该书是惠顿在其长期从事外交工作的基础上，广泛研究了欧洲大陆和美国的外交活动及案例材料而撰写的，于 1836 年在英国伦敦和美国费城同时出版。此后，在英美两国多次再版，是 19 世纪西方最有权威性的国际法著作。早在第二次鸦片战争期间，作为美国驻华公使译员的丁韪良，看到清政府在对外政策及办理外交事务中的谬误，就产生了将西方国际法著述翻译介绍到中国的意图。当然，丁韪良是从维护西方列强利益出发的，其目的是"使中国官僚能学会半殖民地国家所应遵守的规矩"。

在与西方列强的外交实践中，清政府的一些官员也开始认识到有必要了解西方在调整国际关系方面的法律原则、规则及规章制度。

1862年夏的一天，军机大臣兼总理衙门大臣文祥向美国驻华公使蒲安臣提出，希望他能推荐一种为西方国家公认的权威性的国际法著作。于是，蒲安臣便推荐了惠顿的《国际法原理》，并欣然答应翻译其中的若干章节。后来，蒲安臣将此事函告美国驻上海领事乔治·西华德。后者立即复函，告知丁韪良正在上海翻译此书。

1863年春天，丁韪良致函蒲安臣，要求将完成的惠顿的国际法译著提供给清政府参阅。随后，丁韪良抵达北京。在蒲安臣公使的帮助下，同年9月，丁韪良谒见了总理衙门大臣奕䜣，并就有关译书的问题进行了商谈。最后，双方达成协议：总理衙门答应丁韪良的请求，同意派员对译稿进行编校、润色和出银500两以资刊刻，出版后呈送总理衙门300部。

1864年冬，经清廷批准，京师同文馆出版了名为《万国公法》的惠顿《国际法原理》一书的中译本。这是由中国政府出版的第一部完整的国际法译著。该书出版后，清政府即发给中国通商口岸各一部，以做参考。此后，中国向各国派出的外交使节，也多备有该书。该书不仅在近代中国社会广为流传，而且在

1865 年传入日本，被译成日文出版，成为明治维新初期决定开国方针的重要参考书，被广泛地当做经典权威著作运用。

据统计，1864～1895 年，洋务派的译书机构共出版了 18 部西方法律著作，其中 12 部由英美传教士翻译，所译之书中有 8 部为国际公法。这种状况表明，西方列强将外国法律传入中国的目的，并非想帮助中国建立资产阶级的法律秩序，使中国走上资本主义道路，而是为了与中国的"和战之需"，因而侧重于推荐国际法。但是这一做法却从客观上产生了迫使清政府接受外国法律文化的实际效果。洋务派首领李鸿章及曾纪泽、端方等清朝官员表示"愿闻公法"，甚至达到崇拜、迷信国际法的地步。他们认为，西方国际法的内容非常完美，作用也很大，有了国际法就不至于在外交谈判桌上张口结舌。

第二次鸦片战争后，洋务派在办理"洋务"的过程中，切身感到国际法的作用。洋务派主掌的京师同文馆、江南制造局翻译馆纷纷出版国际法译著，并在国际交往中"奉为圭臬"。这一切从客观上推动了清政府对外国法律的态度发生根本转变，从而造成了 19 世纪末期近代法律形成的契机。

当然，洋务派认为依靠国际法就能办好外交的思想总体上是不可取的。如果清政府任用一些既懂国际法而又有外交能力的人去办理外交事务，情况可能会好些。但是，如果执掌国家大权者本身昏庸，内政腐败，国力虚弱，即使有国际法，有善于外交者，要使国家转危为安、由弱变强也是不可能的。

洋务运动的结果之一是改变了中国人对西方法律的认识。虽然洋务派反对西方资产阶级法制，主张"天不变，道亦不变"，但是私下里却不得不承认封建传统律例已不能适应"洋务"的需要，因而又主张在某些方面可以有所变通，学习西法以整顿中法。如为适应中外交涉，主张学习、引进国际法；为便于兴办近代企业，主张编定矿律、路律及商律。这种"西学为用"的法律观为19世纪末20世纪初近代法律观的形成，为清末法律改革提供了契机。

3 走出国门，寻求真理

1847年1月4日，广东青年容闳等三人随澳门马礼逊学校校长塞缪尔·勃朗，从黄埔港登上了"亨特利思"号船，赴美国留学。

1854年1月13日，"第一中国留学生毕业于美国一等大学者"容闳，怀揣羊皮纸的耶鲁大学文凭，从纽约登上"欧里加"号船，踏上了归程。

回国后的容闳即致力于实施"西学东渐"的计划，使西方近代文明传播于中国，使中国变成西方国家那样的近代文明之国。

1863年，容闳投入洋务派首领曾国藩幕下，办理"洋务"。容闳通过曾国藩及江苏巡抚丁日昌上奏朝廷，建议派遣留学生赴美国接受西式教育，学习西方教育知识及经验，增加与外国人的接触，以促进中国在外交、商务及工业上的发展。1872年，首批留学生动身赴美国。从此，中国政府开始以官费派遣学生出洋留学。但是，当时中国派往欧美各国留学的人数不多，而且几乎都是学习西方的"坚船利炮"。

1877年1月21日，因"马嘉理案"而专赴英国"道歉"的近代第一位驻外使节郭嵩焘抵达伦敦。不久，郭氏就注意到，在英国的中国留学生仅寥寥数人，但却无一例外地学习军事；而中国的近邻日本当时在英国的留学者竟多达200余人，甚至王公大臣也出洋学习，诸如出身诸侯的成山、"户部尚书"（大藏省大辅）井上馨，并且学的是法律、经济。其他人也大多学习电学、铁路、财政、经济，很多人精通外语，专门学习军事的很少。对此，郭嵩焘深感忧惧。同年3月，他给李鸿章写了一封长信，谈了自己的想法，认为西方立国之本并非专恃武力，而在于知识、科技、政教，中国要想仿效西方，学习西方，首先要有一大批精通西学、西法的专门人才，即使办"洋务"也应当让中国人先通晓西方文化。最后，他建议清政府改变迷信"坚船利炮"而只许出洋学生学习军事的做法，在各通商口岸设立学馆，从各省选拔青年学习外语，然后再根据个人资质，派遣出洋，全面学习矿冶、电信、铁路、法律、经济。

就在郭嵩焘一行抵伦敦不到三周的时候，即1877年2月上旬，适逢英国议院开会，英国女王亲临议院，郭氏等有幸应邀前往旁听。当时的英国报纸专就此事发表评论，称议会向无此例。后来，郭嵩焘多次去议院旁听辩论。身临其境的考察使他对英国的议会制度有了进一步的了解，对议会监督政府、新闻制约政府及两党制等民主制度极为欣赏，认为议会制是一种法治，而中国君主专制是德治，远比英国的民主政治落后。

在英国任职的两年期间，既精通中国传统文化、熟悉专制政治，又了解"洋务"内情的郭嵩焘，在接触、目睹西方科技的同时，更加注意从西方的国家制度、法制方面来寻求救国之道。通过考察英国的民主政治制度，郭嵩焘否定了中国具有两千余年历史的封建君主专制政体，肯定了西方以议会制为特征的政体，成为第一个研究西方宪政体制的中国人。在郭嵩焘看来，英国之所以强大，就是因为以议院为立国之本。作为封建士大夫，能够认识到封建君主专制的落后性，确属难能可贵。而此时远在中国的洋务派们却根本不相信西方资本主义体制比中国的封建专制优越。因此，当郭嵩焘将记载这些感受的日记等寄回国内后，激起了满朝士大夫的公愤，以致两年后郭氏不得不称病提前退休，回到原籍湖南。中西文化的冲突在郭氏身上集中体现出来。无论如何，作为第一个走出国门考察、研究西方民主政治及其文化学术、科技文明的封建士大夫，郭嵩焘初步接受了西方的民主观念和科学观念，并且在近代化的道路上向前迈出了艰难的一步。

当时，来自福州船政学堂的严复正在英国格林尼次海军学校学习驾驶。虽然学的是海军，但他却十分留意英国的社会制度，研究资产阶级的政治、法律学说，甚至亲入英国法庭旁听审理案件。英国的政治法律制度对严复影响很大，他甚至认为，西方所以富强，就是因为实行民主政治和司法独立的法律制度。严复还多次与郭嵩焘一起研讨中西政治、学术的异同，往往日夜争论不休。清政府做梦也未曾想到，官派出洋学习军事的留学生中竟然有一位独具慧眼、才华横溢的严复对西方的政治学、法学甚感兴趣，以致后来成为中国近代著名资产阶级启蒙思想家。归国后，严复投身于维新变法运动，翻译了孟德斯鸠的《法意》（今译《论法的精神》）、赫胥黎的《天演论》、亚当·斯密的《原富》等西方名著，成为中国近代系统介绍西方资产阶级法律学说的第一人。

1849 年，21 岁的江苏青年王韬应英国传教士麦都思之邀，从太湖之滨来到上海的墨海书馆，帮助编校书籍。墨海书馆是英国伦敦布道会在上海最早设立的编译、出版机构，出版了《圣经》中文本、英汉字典及《数学启蒙》等书籍。王韬在此工作近 13 年，初步接触了西方文化。

1867 年至 1870 年，王韬应英国著名汉学家理雅各之邀前往英国译书，并游历了法、英、俄等国。尽管在此之前，王韬在上海及香港接触过西方现代文明，但此次欧洲之行仍使他大开眼界。在法国巴黎，他参观了卢浮宫及波素拿书馆，目睹了万国博览会的盛况；在英国，他着重考察了现代科学的发展，发现中西文化的区别之一是西方（英国）重视天文、地理、电学、火学、气学、光学、化学等科学，而"弗尚诗赋词章"。亲临其境的感触，使他进一步认识到 19 世纪的资本主义社会及其文化比当时的中国社会及其文化确实进步得多。后来，在访问英国著名的最高学府牛津大学时，他发表了一篇涉及中西文化根本差别的演讲，在英国引起很大的轰动。

1874 年春，王韬在香港创办了《循环日报》，该报仿西方报纸之例，每天在首栏发表一篇论说文，评论时政，旗帜鲜明地鼓吹向西方学习，变法图强，一时名声大振，甚至受到日本知识分子的推崇。他主张以近邻日本为榜样，全面学习西方，批评当时的洋务派只注重学习西方的"坚船利炮"，认为要学习西方就必须变法，即从根本上改革专制国家用人、行政、军事、教育及法律各个方面的制度，实行"君民共主制"。

19 世纪 60、70 年代，王韬、郭嵩焘等跨出国门，放眼全球，从世界的范围来探讨中国的问题。王韬自称是魏源"师夷"说的继承者。但身临其境，客观、真实地感知西方现代文明，使他们对西方的认识比魏源更深刻了一步，政治态度更加鲜明。

4 宪政运动与近代法律观的形成

宪政运动起源于英国，因而英国宪法有着"近代宪法之母"的美称。远在 1215 年，英国就出现了《自由大宪章》，最早提出限制君主权力。1628 年，英国议会中的资产阶级在反对君主专制的斗争中，以国民代表的名义向国王查理一世提出了《权利请愿书》。1689
年，在资产阶级和封建势力妥协的基础上，通过了
《权利法案》，标志着君主立宪制在英国正式形成。
1787年，美国13州代表（实为12州）在费城召开制
宪会议，通过了世界上第一部资产阶级成文宪法即美
国联邦宪法。1791年，法国制定了第一部资产阶级宪
法，也是欧洲大陆第一部资产阶级成文宪法。

资产阶级革命胜利后，西方各国纷纷制定宪法，
规定了体现资产阶级民主、自由的一系列公民权利。
因而，以根本法形式所确认的民主权利就成为近代法
律观的核心。

从理论上讲，作为调整人们行为的法律规范就是
规定权利与义务。法律赋予人们享有的某种权益即权
利，规定人们应履行的某种责任即义务。二者是密切
相连的，任何权利的实现总是以义务的履行为条件。
但是，就法律观而言，不同的民族在不同的时期，由
于人们对法的价值取向不同，因而对权利和义务总是
有所偏重的。

中国传统的法律观，无论是温情的礼观念，还是
严酷的刑观念，都体现了同一价值取向：义务本位，
即重义务，无权利，实际上是以"刑"和"礼"所确
认的"权力"为其核心。

中国古代宗法制社会最基本的细胞是家族，国不
过是家族的扩大。礼的作用之一就是确定个人在家、
国之中的等级与贵贱。在这个等级制的金字塔中，个
人只有服从、义务，无所谓权利，在其顶端只有君主

的权力与家长的权力。个人存在的价值就是服从权力。在温情脉脉的人伦情理中，"礼"扼杀了个人的独立性和权利，个人没有任何独立的法律地位，附属于家族，自然也附属于国。在以自然经济、宗法制为基础的社会，根本不可能孕育出权利观念；相反，只能产生至高无上的"权力"观。一切都是权力的附属物，法不过是实现权力、维护权力的工具而已。

中国古代"刑"的功能主要就是"定纷止争"，即一种统治工具。以"刑"为主的中国古代法律对人们的唯一要求就是"令行禁止"，否则要受到刑罚制裁。正因如此，人们对充满血腥味的"刑"、对法律产生了恐惧的心理。即使蒙冤，也不敢轻易萌发一丝一缕维护自己权利的"邪念"。对于法律，人们所关注的是服从、遵守，以免误入法网而身陷囹圄。传统刑观念的价值导向由此可见一斑。

秦汉以后，中国传统法律观经历了三次深化：西汉董仲舒的儒家化，唐律的法典化，南宋朱熹的理学化。其间，虽然受到两次外来文化的冲击、影响，但却将其同化、吸收。经过三次深化，温情的礼观念与严酷的刑观念融为一体，根植于中国人的内心深处，成为民族意识的一部分。

19世纪70、80年代，中国的知识分子已经认识到，西方富强的原因在于开设议院。他们不仅颂扬议会制，而且要求中国政府效法实行议会制。

1884年，郑观应上书朝廷，首倡"开国会"；不久，两广总督张树声也奏请开设议院。后来，王韬、汤寿潜、陈虬、陈炽等人也纷纷要求设立议院。

中国的知识分子从早期重点研究军事到转而注意社会制度，最后进入政治制度这一深层领域，开始触及问题的症结。尽管此时立宪还未被提到议事日程，但是毕竟在近代化的道路上又迈出了可喜的一步，对后人起到了相当的启蒙作用，成为近代宪政运动的前奏。

1888 年夏季，31 岁的康有为再次风尘仆仆地来到北京，参加"顺天乡试"，遗憾的是又未考中举人。但是，康有为却利用进京的机会，做了一件十分大胆的事情：以"布衣"上书光绪皇帝。根据清制，专折奏事是高级官员的特权，地位较低者只能呈请代奏。"布衣"上书纯属庶民干政，尽管不算犯罪，但却是极冒险之举。康有为力陈变法改革的必要性，提出了"变成法"、"通下情"、"慎左右"三点建议。第一次上书虽然没有成功，却破了清朝庶民不得干预朝政之例，在社会上产生了相当大的影响，康氏长达 5000 字的上书稿一时被辗转传诵。中国资产阶级第一次向封建专制制度发出了挑战，吹响了民主的号角。

1890 年，康有为在广州万木草堂聚徒讲学，"讲中外之政，救中国之法"。至 1893 年，其门下已有梁启超等百余名弟子，为变法维新运动培养了骨干。同时，康氏又著《新学伪经考》、《孔子改制考》，彻底批判了儒家传统学说、传统观念，从理论上为变法扫除障碍。此举如"火山大喷火"，震撼了当时的思想界，预示着一场强烈政治地震即将发生。

1894 年中日之战，号称泱泱大国的"天朝帝国"竟然被明治维新仅 20 余年的蕞尔小国日本击败。1895 年 4 月，清政府与日本签订了丧权辱国的《马关条约》，中国面临着被列强瓜分的危机。

1895 年 4 月 30 日，康有为牵头并联络 18 省在京应试的 1300 多位举人于宣武门外达智桥胡同 2 号的松筠庵谏草堂集会。康有为慷慨激昂地发表演讲，力言国势危急，主张非变法无以自强，并连夜奋笔疾书，草成 14000 余字的上皇帝书，各省举人共 603 人在上面签名。5 月 2 日，各省举人 1300 余人从松筠庵出发，浩浩荡荡地到都察院请愿。

"公车上书"虽然未达到预期目的，但却在近代中国政治生活中产生了巨大的影响。18 省举人在京师重地公然组织上书请愿运动，不仅有清一代未曾发生过，就是在中国也是史无前例之壮举。此举彻底打破了清代士人不得干政的禁令，标志着新兴资产阶级正式登上了历史舞台。从此，在中国的政治舞台上出现了民主与专制的较量。

未上达的万言书公开将西方国家作为变法的榜样，提出了"富国之法"、"养民之法"、"教民之法"及公举"议郎"的改革方案。"万言书"辗转传抄，很快传遍京城。5 月 3 日，美国公使田贝其至向康有为索稿。不久在上海出版发行，流传全国。

5 月 29 日、6 月 30 日，康有为又连续上书，正式提出"设议院以通人情"的主张，以争取实行自上而下的政治改革。8 月 17 日，康有为出资创办《万国公报》，宣传变法。接着，为"广联人才，开创风气"，又组织了北京强学会，改《万国公报》为《中外纪闻》，作为强学会的机关报。

1896 年，各地相继仿效，设会办报。严复、梁启超、谭嗣同等人纷纷挥笔疾书，抨击封建君主专制制度，介绍资产阶级的民主观，宣传维新变法。于是，全国掀起了一场轰轰烈烈的维新变法运动。

1897 年 11 月，爆发了"胶州湾事件"。德国以两个德籍传教士在山东巨野县被杀为借口，派军舰占领了胶州湾。12 月，康有为第五次上清帝书，明确提出"采择西方律例，定宪法公私之分"，经辗转终于在 1898 年 1 月到了光绪皇帝面前。这是康有为第一次正式表达君主立宪思想，把制定宪法和法律作为变法维新的总纲领，总算是把握住了君主立宪的实质。从这一点来看，康有为已超越了前人。戊戌变法的序幕正式拉开了。

1898 年 1 月 24 日，总理衙门奉命召见康有为。康有为舌战李鸿章、荣禄，提出了以改革法制和官制为起点的变法方案。1 月 29 日、2 月 28 日，康有为连续上书，要求光绪帝效法日本明治维新，实行君主立宪。6 月 6 日，康有为第八次上书，要求光绪帝"明定国是"，坚决实行变法，以防列强瓜分中国。

1898 年 6 月 11 日，光绪皇帝颁布"明定国是"诏书，宣布变法。16 日，光绪在颐和园仁寿殿召见康有为，进行了两个半小时的谈话。康有为首先面陈变法的必要性，接着请求光绪统筹全局，"先制度继而变法律"，指出：所谓变法，需要把制度法律现行改订，否则只是变事。不久，康有为等人被安排在总理衙门、军机处任职，负责批阅官吏递上的奏折，为皇帝颁布的诏书拟稿。康有为利用专折奏事的特殊待遇，在短短的三个月中上奏了《请定立宪开国会折》等 37 道奏折，在政治、经济、法律、军事、文教等方面提出了一系列建议。但变法受到了顽固派的阻挠和破坏，9 月21 日凌晨，慈禧太后从颐和园来到紫禁城发动政变。光绪皇帝未来得及实施新政就被囚禁在中南海瀛台；康有为、梁启超亡命日本，谭嗣同、杨深秀、杨锐、林旭、刘光第、康广仁"六君子"血洒菜市口。

19 世纪末期轰轰烈烈的宪政运动如昙花一现。康有为在中国近代史上首次实行君主立宪制的尝试，在强大而顽固的君主专制制度面前夭折了。但在这场运动中，资产阶级改良派为寻找救国之路，从西方搬来了"天赋人权"、民主、自由等思想武器，反对封建专制主义的神权观念和宗法制，客观上起到了在中国全面传播西方文化的启蒙作用，促使中国知识分子开始解放思想，民主、宪政的观念逐渐传播，并对 20 世纪初期的中国产生了深远的影响。1895 年以后立宪主张的提出，标志着以权利为核心的中国近代法律观开始形成。中国法制近代化迈出了关键的一步。戊戌变法失败不到三年，清政府中的顽固派便在改革、立宪的态度上有了突然的转变。

1900 年 6 月 10 日，八国联军为扑灭义和团运动，从天津大沽口登陆；8 月 15 日，攻入北京皇城东华门，慈禧率皇室逃亡西安。西方列强对慈禧为首的顽固派极为不满。资产阶级改良派甚至考虑借助西方列强之力要求慈禧下台，归政光绪皇帝，力行变法。为博取列强的好感及支持，保住统治地位，以慈禧为首的顽固派不得不宣布放弃"祖宗之法不可变"的祖训，实行所谓"新政"。

1901 年 4 月 21 日，清廷设立督办政务处，作为推行"新政"的领导机构。其《开办条规》规定：变法大纲一为规复好的旧章，一为参用西法。7 月，两江总督刘坤一、湖广总督张之洞上著名的《江楚会奏变法三折》，提出了兴学育才、整顿中法、采用西法以补中法之不足等一系列措施。9 月，清廷下诏批准刘坤一、张之洞的奏议，命各省督抚切实实行。从表面上看，穷途末路的慈禧似乎捡起了两年前自己弃掷并践踏在菜市口血泊中的"维新变法"的旗帜，实际上这时慈禧根本未提"立宪"，只不过是 19 世纪洋务派"中体西用"路线的继续，与康有为以实行君主立宪为目的的变法有着本质的区别。

1902～1904 年，清政府多多少少采取了一些实际措施，如改总理衙门为外交部，增设商部，废科举，开办学堂，组练新军等。虽然只是些皮毛，但是比起戊戌政变来，顽固派毕竟向前迈进了一步。一度低落的改革浪潮因此回涨。于是，20 世纪初期，立宪的浪潮又重新兴起。

1901 年 6 月 7 日，流亡日本的梁启超在《清议报》发表《立宪法议》一文。这是梁启超第一次阐述君主立宪主张。该文实际上批判了清政府的变法大纲，吹响了 20 世纪初立宪思潮高歌猛进的号角。

1902～1903 年，随着一批欧美和日本宪政书籍的翻译出版，中国知识分子的头脑得到了武装、充实，其着眼点已不再是议院、法律、官制，而是探讨政体的优劣，明确主张建立君主立宪政体。国内的报纸杂志也纷纷载文，全面介绍君主立宪制度，呼吁立即制定宪法。1903 年 8 月 18 日，光绪皇帝寿辰之时，天津《大公报》在报头旁边用特大号字刊登祝词："一人有庆，万寿无疆；宪法早立，国祚绵长。"9 月，中国留日学生创办的《浙江潮》杂志第七期所载《四争客论》一文中最早出现了"立宪派"一词。从此，人们便将主张君主立宪者称为"立宪派"。立宪思潮蓬勃兴起。

1904 年，在中国的领土上发生了日俄战争。结果，君主立宪的日本打败了君主专制的俄国。因而清廷朝野人士一致认为，专制必败，立宪必胜。于是立宪运动高涨起来。

1904 年 4 月，出使法国大臣孙宝琦上书朝廷建议"仿英、德、日本之制，定为立宪政体之国"，制定宪法，建立议院。随之，云贵总督岑春煊、两江总督周馥、湖广总督张之洞等也纷纷奏书立宪法。直隶总督袁世凯也奏请派遣亲贵大臣分赴各国考察宪政。立宪已成大势所趋。

1905 年 12 月，"五大臣"受命出洋考察政治，历时半载有余。这是鸦片战争后清政府第一次派代表团出国考察政治制度。这一事件表明，清政府已准备在政治上从闭关走向"开放"，从恪守祖制转向政治改革，从"中体西用"转向效法"西体"。对顽固守旧的清政府来说，这种转变是不得已的、极其痛苦的，根本目的是为了维护其腐朽统治。

1906 年 9 月 1 日，清政府采纳了出洋考察的大臣们的建议，发布了"仿行宪政"的上谕，确立了中国实行立宪这一基本国策。慈禧迫于内外压力，宣布实行"预备立宪"，实际上公开承认中国传统的封建制度落后于西方资本主义政治制度。这对一向顽固守旧的清政府来说，固属不得已而为之，但中国两千年的封建社会毕竟开始从专制向民主政治过渡。这是社会的巨大进步。在戴鸿慈、端方出访后所上《请定国是以安大计折》中，首先明示应宣布在法律、权利、义务面前人人平等。这种民主观、权利观不仅为朝廷大臣接受，而且也被慈禧为首的清政府认可，这不能不归功于立宪运动的发展。

1907 年，清政府设立宪政编查馆，开始调查各国宪法，编制宪法草案。1908 年 8 月 27 日，颁布了由宪政编查馆与资政院拟订的《钦定宪法大纲》，作为起草宪法的原则，并强调中国只能用钦定宪法，而"不宜使宪法由议院而出"。《宪法大纲》共 23 条，分两大部分。正文是"君上大权"14 条，规定皇帝万世一系，神圣不可侵犯，"有统治国家之大权，凡立法、行政、司法，皆归总揽"，基本上抄袭日本帝国宪法，却删去了日本宪法中限制天皇权力的条款。附录是"臣民权利义务"9条，规定臣民有出版、言论、集会、结社和人身等自由权利，并强调皇帝有权"得以诏令限制臣民之自由"。尽管民主、权利依附于专制权力，但是自由、权利这些字眼毕竟第一次出现在中国的法律中。

1910年11月5日，清廷在立宪派的强烈要求下，不得不颁布上谕，任命资政院总裁溥伦、度支部尚书载泽为纂拟宪法大臣；1911年3月20日，又命度支部侍郎陈邦瑞、学部侍郎李家驹和民政部左参议汪荣宝草拟宪法；9月中下旬，近代中国第一部宪法草案完成定稿，共10章（皇帝、摄政、领土、臣民、帝国议会、政府、法院、法律、会计、附则）86条，体系基本上仿照日本帝国宪法。但是该宪法草案还未及全部送审，就爆发了辛亥革命。清政府被迫在匆忙中抛出《宪法重大信条十九条》，虽然在一定程度上限制了皇帝的权力，扩大了国会的权力，并规定宪法由资政院起草议决、国会修正、皇帝颁布，但是仍然强调大清帝国皇统万世不易，皇帝神圣不可侵犯，而对人民的民主权利只字未提。不过，封建的清王朝总算在历史上留下了立宪实践的一页。

从宣布预备立宪至清政府灭亡，社会舆论对制定什么样的宪法、如何制定宪法等问题极为关注，尤其是立宪派纷纷发表文章，反对仿效日本宪法，主张召开国会，由"国民"来立宪，以限制君权，扩大民权。宪法意识与民主、权利观念已逐渐深入民心。

清末"预备立宪"最重要的活动之一就是修订、编纂法典。1908年，颁布了《结社集会律》、《报律》，以法律的形式肯定了人民的结社、集会和言论自由权。1910年，颁布《法院编制法》，采取了西方资产阶级的司法独立原则。同年颁布《大清著作权律》，确定著作权观念。1911年1月，颁布《大清新刑律》，引入西方资产阶级的刑法体系、原则。此外，还完成了《大清民律草案》、《大清商律草案》、《民事诉讼律草案》、《刑事诉讼律草案》等。

从总体上看，这些已颁布的律典、法规及尚未颁行的律典草案，无论形式还是内容都属资产阶级法律范畴。它们的出现，一方面反映了中国近代政治和社会制度的变化，另一方面又标志着传统的具有两千年历史的中华法系土崩瓦解和近代资产阶级法律体系的初步建立。

1912年3月11日，南京临时政府颁布了《中华民国临时约法》，共7章（总纲，人民，参议院，临时大总统、副总统，国务员，法院，附则）56条。它以孙中山的民权学说为指导，参照西方资产阶级三权分立的共和制度，确定了资产阶级共和国的国家制度；并根据资产阶级宪法中一般民主自由的原则，规定了人民享有人身、财产、居住、迁徙、言论、出版、集会、结社、通信、信仰等自由和选举、被选举、考试、请愿、陈诉、诉讼等权利，同时负有依法纳税、服兵役的义务。作为一部资产阶级共和国性质的宪法性文献，这些规定是辛亥革命的成果。

1912年3月17日，南京政府又颁布了《大总统通令开放蛋户堕民等许其一体享有公权私权文》，宣布废除清朝法律对所谓"贱民"的歧视和限制，规定水上居民（蛋户）、堕民、丐户、义民（奴）、优娼、隶卒等均享有选举、参政、居住、言论、出版、集会、信教等公民权利和自由。3月2日、19日，又相继颁布了《大总统令外交部妥筹禁绝贩卖猪仔及保护华侨办法文》、《大总统令内务部禁止买卖人口文》，明令禁止贩卖华工、买卖人口，保护华侨，废除奴婢卖身契约、主奴名分以及人身奴役等；同时，明令取消清朝官府中"大人"、"老爷"的称呼，废除跪拜礼，劝禁缠足等。还颁布了《维持地方治安临时军纪十二条》，强调"拥护人权为第一要义"，严惩侵犯人民生命财产权利的行为。

中华民国初年的这种变化，是法律观从传统向近代转型的完成。

20世纪初期清末修律的完成，标志着以"刑"为主、以"礼"的宗法等级为特征、以惩罚主义和功利主义为目的的传统法律观的终结。西方资产阶级法律原理、法学学说成为刚刚建立的近代中国部门法体系的基石。

二 部门法体系的建立

中西法律的磨合

19 世纪 60 年代之后，随着洋务运动的发展，西方法律、法学传入中国并根植下来，最终引起了法律变革。这一切正是"师夷"说发展、影响的结果。

1871 年，沙俄出兵强占了中国伊犁地区。1878 年，清政府派钦差大臣崇厚出使俄国，谈判归还伊犁问题。次年，崇厚在沙俄胁迫之下，在克里米亚半岛的里瓦几亚与沙俄代理外交大臣吉尔斯签订《里瓦几亚条约》。据此条约，中国仅收回伊犁城，沙俄则割去了伊犁西面霍尔果斯河以西、伊犁南面特克斯河流域和塔尔巴哈台地区斋桑湖以东的土地。国内舆论哗然，清政府拒绝批准该条约，并将崇厚革职治罪。

1880 年，曾纪泽被任命为驻俄公使，赴俄谈判修订《里瓦几亚条约》。他巧妙地运用"各国订约可经协商修改"等国际法惯例，据理力争，成功地修改了条约。次年 12 月，曾纪泽与沙俄外交大臣吉尔斯在圣彼得堡签订了《中俄伊犁条约》，虽然仅收回了伊犁南境特克斯河流域，但吉尔斯却不得不承认"我们的示威没有使他们害怕"，因为他们"熟悉世界政治"。

1883年中法战争前的一天，正在北京西山避暑的美国传教士丁韪良被总理衙门差人急急催回。此时，法国军舰在福州轰炸中国船场，战事即将爆发。总理衙门急匆匆请丁韪良的目的，就是询问按照国际法，对战时居留在中国境内的敌国传教士、商人、侨民应采取何种办法处置。丁韪良立即开列数条，第二天就成为"圣旨"。这是清政府依据国际法处理对外关系的又一实例。

国际法的输入及实践在当时的中国引起了极大的反响，朝野上下甚至出现了一股迷信国际法、以国际法救国的思潮。此虽不可取，但却冲击了中国传统法律观，为西方法律思想及部门法的传入奠定了基础。

西方近代法律传入中国的过程，就是中国学习西方、走向近代化的过程。然而，由于近代西方法律有不同的模式，中国法律在20世纪初期首先面临着以英美法系为师，还是以大陆法系为师的选择。

英美法系表现出以判例法为主要法律形式的特征，受罗马法影响较小，主要源于中世纪日耳曼的习惯法，典型代表是英国、美国。大陆法系的典型代表是法国、德国，以《法国民法典》、《德国民法典》为代表的成文法典化是其传统。这个法典体系是以罗马法为基础建立起来的，比较完整地采纳了罗马法的体系、概念和原则。

在19世纪后半叶，西方法律输入中国的最初时期，刚刚睁眼看世界的中国人还不知道英美法系与大陆法系之间的区别。不过，最早走上近代化道路并于18世纪首先完成了工业革命而跃居西方资本主义列国之首的大英帝国，在成为海上第一强国之后便率先向全球扩张。作为东方第一大国的中国成为大英帝国觊觎的首要目标。1840年大英帝国发动侵华战争，用武力打开了大清帝国闭关锁国的大门。由于这样一种背景，最先传入中国的是英美法系。即使是最早输入中国并被接受的国际法也主要是由英美传教士翻译，以英美学者的著作为主。

美国传教士丁韪良，除翻译美国学者惠顿的《国际法原理》一书外，据梁启超《西学书目表》记载，还翻译了另外4部国际法著作，其中两部分别是英国学者和美国学者的。另一位英国传教士傅兰雅，曾在上海江南制造局任编译长达22年之久，其间先后翻译了143种英文原著，为在华传教士中介绍西方书籍最多者。据《江南制造局记》记载，傅氏所译西方著作中有5种法律著作：《公法总论》、《各国交涉公法》、《各国交涉便法》、《比国考察罪犯纪略》、《西法洗冤录》，其中前三种为英国学者所著。又据统计，1895年之前，翻译介绍到中国的西方法律书籍共有18种，其中大多为国际法，其他为军事法、刑法、法医学等；如以国别论，则以英美为主，个别的有瑞士、比利时、德国、法国。可见，由于历史的原因，中国首先学习、接触的是英美法律。

英美法律模式确也在相当一个时期产生了重要的

影响。如 1895 年 10 月创办于天津的中国近代第一所大学"天津北洋西学堂"（后来更名"北洋大学堂"），就是以美国模式来办学的。其法科是中国近代第一个法律系，所开设的 12 门法学课程几乎全是英美法系的。1902 年创办的山西大学堂（即今山西大学前身），就是仿照北洋大学堂的。

当然，从整体上看，这时期尚未确定究竟选择哪种法律模式来构筑近代中国的法律体系，对两大法系也不存在厚此薄彼的情况。这一点从 1895 年至 20 世纪初期翻译法律书籍的情况可以看得十分清楚。

据统计，1896 年至 1905 年，输入的法律书籍从 18 种增至 73 种，译者队伍也由以英美人为主变为以归国留学生为主。从国别来看，则有英、美、法、德、意、比利时、荷兰、瑞典、日本、俄国以及古罗马等近 20 个国家和地区，两大法系主要国家的法律、法学著作基本上都包揽无遗。从法律部门来看，包括各种部门法及单行法，如宪法、刑法、民法、行政法、刑事诉讼法、民事诉讼法、法院组织法、监狱法、婚姻法、国际公法、国际私法、税法、公司法、新闻法、出版法以及军事法等 20 余种。

1905 年 7 月，在日益高涨的立宪运动推动下，清政府颁布了出洋考察政治的谕旨。但当"五大臣"登上正阳门车站的专列即将起程之际，革命党人吴樾的炸弹，震天动地，使这次行程不得不改期。这一意外事件震惊了清政府，却并未能阻止出洋考察，反而促使清政府加深了对立宪紧迫性的认识。同年底，"五大臣”分两路出洋，载泽、尚其亨、李盛铎一行前往日本、英国、法国、比利时；戴鸿慈、端方前往美国、德国、意大利、奥地利、俄国，并游历了丹麦、瑞典、挪威、荷兰、瑞士。

历时半年的考察使从未跨出国门的载泽等人大开眼界。每到一个国家，他们都请专家讲解本国政体及法律体系概况。如在日本请伊藤博文等讲解日本的宪政体制及法律，在英国则请政法学员埃喜讲解英国宪法纲要。亲眼目睹西方物质文明及政治法律制度的优越性之后，“五大臣”开始认识到，专制封闭是中国落后的主要原因。中国与列强的根本差别就在于政治制度的先进与否。这一结论对清政府改革政治法律制度的决策应该说起了积极推进作用。

于是，清政府很快决定，仿效日本、德国实行宪政改革，同时选择大陆法系尤其是德国、日本的法律来制定中国的法律。作出这种选择主要是基于三方面的考虑。

首先，大陆法系的法典体系完备，适应资本主义发展的需要，而且易于仿效、移植。19 世纪，西欧资本主义各国纷纷引进就是明证。对于具有两千年成文法典传统而又急切盼望通过法律改革来拯救王朝危机的清政府来说，如果不考虑法律本身的历史延续性而一味引入以判例为主的、散漫灵活的英美法系，从头开始建立一套适应近代化需要的法律体系是困难而又不现实的。

其次，19 世纪 60 年代后，明治维新的成功使日本一跃而成为东亚强国。区区弹丸之国先在甲午战争中大败清军，接着又在日俄战争中一举获胜，从而取代了中国在亚洲第一强国的地位。这一变化给天朝大国以当头一棒。日本是通过明治维新才走上近代化道路的，并且全面引进大陆法系中德国的法律体系以保障改革的成果。于是，早在"五大臣"出洋考察之前，效法日本变革法律的呼声就很高。

再次，中日政治、文化背景相近。日本通过立宪将天皇的权力用宪法的形式固定下来，君主权限与昔日无异。"五大臣"出洋考察的首要问题就是立宪后专制政体是否受影响。而英国君主的权力所受限制较大，相比之下，日本政体更适合中国长期以来专制体制的要求。所以，中国没有选择英美法律而选择了仿大陆法系德国法律而建立的日本法律。加上中日为同文之国，日文法律书籍的翻译比英文的更容易。日本与中国一衣带水，往来方便，19世纪末20世纪初，中国出现了留日热潮，这又为日本法律书籍大量输入创造了条件。因此，当时的中国人都以为日本法律及其所仿的大陆法系才是中国修订法律之祖本。

从19世纪60年代起，随着第三次外来文化的输入，西方法律大规模传入中国。从此，中西法律文化开始了长达将近50年的磨合，直至20世纪初期，中国法律的改革才选定日本法律模式。选择以大陆法系即日本、德国法律为修订法律的参照框架，在很大程度上影响了清末乃至中华民国时期法律近代化的路径。从此，中国近代法律、法学都与日本结下了不解之缘。

姗姗来迟的清末修律
与"礼法之争"

领事裁判权是近代西方列强通过不平等条约强加给亚非国家的一种治外法权，即指一国通过驻外领事对处于另一国领土之内的本国国民根据其本国法律行使司法管辖权的制度。而这种治外法权最早出现于中世纪。

大约在 11 世纪，萌芽于古希腊的领事制度在地中海一带随着国家之间贸易的增长而有了很大发展。随十字军东征而定居在西亚各国的意大利、西班牙和法国商人，常常从本国侨商中选出领事，代表他们同当地政府打交道，保护其利益并处理本国商人之间的争讼。后来，随着西方国家同土耳其之间"领事裁判权条约"的签订，各国领事的权力不断扩大，取得了对居住在土耳其的本国国民的民事和刑事案件管辖权。

到了 16 世纪，领事已不再从当地侨商中推选而改为由国家委派。18 世纪中叶以后，随着资本主义的发展，领事裁判权制度得到更大的重视和发展，成为西方资本主义列强对外扩张的有力工具。

1843 年，英国通过《中英五口通商章程》，首先在中国取得了领事裁判权。接着，美国在 1844 年的《中美望厦条约》中不仅效法英国取得了这项特权，而且有所发展。此后，法国、俄国、德国、日本、奥匈帝国、意大利、比利时、西班牙、葡萄牙、丹麦、挪威、荷兰、秘鲁、智利、墨西哥、瑞典、瑞士和巴西等 20 余国相继取得了在华的领事裁判权。中国的司法主权受到了严重的损害。

1901 年 1 月 29 日，清政府宣布实行"新政"。于是，朝野上下，争言变法。同年 7 月，两江总督刘坤一、湖广总督张之洞会衔连上名噪一时的《江楚会奏变法三折》，其中第三折即提出采用西法的主张。张、刘二人建议清政府高薪聘请西方法律专家，博采各国法律，为中国编纂矿律、路律、商律、交涉刑律。刘坤一、张之洞从办洋务的需要出发，提出制定中国古代所没有的四种法律，同时提出了酌采西方法律以改进、整顿中国传统法制的多项建议。刘、张虽然没有提出全面引进西方法律、改革旧律，但是其动议拉开了清末法律改革的序幕。

刘、张二人的建议得到了清政府的赞许。1902 年 3 月 12 日，清政府正式下令修改法律，同时命令袁世凯、刘坤一、张之洞慎选熟悉中西法律的人员，主持修订法律。袁、刘、张受命后即联名保举刑部左侍郎沈家本和出使美国大臣伍廷芳。两个月后，清政府任命沈家本、伍廷芳负责修订法律之事，并筹备设立修订法律馆。

对于修订律例，西方列强也不便公开反对，表示"协助"清政府着手实施。1902 年 9 月 5 日的《中英续议通商行船条约》（即《马凯条约》）第十二款规定："中国深欲整顿本国律例，以期与各西国律例改同一律。英国允愿尽力协助，以成此举。一俟查悉中国律例情形及其审断办法及一切相关事宜皆臻妥善，英国即允弃其治外法权。"根据海关档案记载，这一款条约与张之洞不无关联。

还在1901年9月，中英商约在武昌纱厂谈判时，张之洞就通过翻译直接向英国修约专使马凯提出：我们要修改法律，我们的法律修改之后，外国人一律要受中国法律的管辖。对此，马凯表示同意，并报请英国政府将其列入条约。

尽管这个所谓的《马凯条约》并未付诸实践，但是它有条件地放弃治外法权的许诺却产生了相当的影响。美国、日本、葡萄牙三国后来在与清政府改订的有关商约中都作了同样的许诺。甚至在清朝士大夫阶层中也有人认为，修订法律以收回治外法权，"实变法自强之枢纽"。修订法律大臣沈家本还以日本明治维新后改革法律并于1890年最早废除治外法权为例，论证改为西法后中国可以收回领事裁判权。

于是，收回治外法权以维护司法主权就名正言顺地成为清末修订法律的主要动因之一。

1840年以后西方列强利用不平等条约在中国攫取的治外法权，侵犯了中国的主权，因而越来越成为人们关注的焦点。清末的改革家希望通过修订法律来收回这种丧权辱国的特权。西方列强当初攫取这一特权的借口是中国的法律太落后、太严酷，而一旦获得其他各种特权，为了更好地保障其在华利益，便不得不以放弃这一特权为条件，因而表示支持清末的法律改革。但是，清末法律改革之后，治外法权并未立即收回，直至 1943 年，保持了一个世纪的这一特权才在法律上被废除。

1906 年，修订法律大臣沈家本、伍廷芳上《进呈诉讼律拟请先行试办折》，认为中国法律诸法合体，实体法与程序法不分；这种体例根本不能适应门户开放后的新形势需要。西方法律以刑法为体，以诉讼法为用，二者相因，不容偏废；诉讼法又分为民事、刑事二项。又说：鸦片战争以来，华洋诉讼案件日益增多，外国人以中国审判与其不同，常常歧视中国法律；中国商人不熟悉外国法制，往往怀疑有所偏袒，因而双方积怨难以平息，常常因为寻常的争讼酿成中外交涉问题。所以，修律首先应变通诉讼法，采用各国通例。同时，附一《大清刑事民事诉讼法》草案。这是中国近代第一部诉讼法典草案，采用了中国古代法律所没有的陪审制与律师制。沈、伍二人认为这是收回治外法权的重要一端。

由于诉讼法的内容、体系均属新创，为中国传统法律所没有，因此，光绪皇帝谕令把《大清刑事民事诉讼法》草案发往各地，要各省将军督抚、都统悉心研究和考察，看其在中国的民情风俗之下究竟能否通行。不料该法草案遭到各省将军督抚和都统的反对，其中湖广总督张之洞反对尤烈。张在 1907 年 9 月 3 日的《遵旨核议新编刑事民事诉讼法折》中，从两个方面详尽地批驳了沈家本、伍廷芳的立法理由，并在奏折之后附上了对该草案多达 59 条的批驳意见。

首先，张之洞认为，长达 260 条的诉讼法大体上是采用西法，与中国的国情未必尽合，也有悖于中国法律的本质即儒家的纲常礼教，尤其是陪审员、律师、证人等制度的引进非但不能收回治外法权反而会滋生诉讼。其次，西方列国都是先有刑、民法，然后有刑事、民事诉讼法，即使是日本也没有先颁行诉讼法，因而编纂法律应先体后用，先实体法后诉讼法。

中国法律重大改革，一次发生在战国初期，即李悝、商鞅变法之后所进行的大规模的立法，一次就是清政府在推行"新政"和"仿行立宪"的招牌下所进行的引进西方近代法律、改革传统法律的修律活动。无独有偶，两次重大的法律变革都引发了激烈的大论战。战国时期的"百家争鸣"在相当程度上涉及法律问题。而在清末修律过程中，沈家本、伍廷芳修建的原则是以西方资产阶级的法律理论、法律体系为模式来制定新法律，与维护封建纲常礼教等级名分的传统法律思想发生冲突，爆发了一场"礼法之争"。

"礼"指礼教，即被封建法律法典化的儒家纲常名教。主张礼教的一派被称为礼教派或国情派、家族主义派，以张之洞、劳乃宣为代表。"法"指法理，即西方资产阶级法学原理。坚持法理的一派被称为法理派，或反国情派、国家主义派，以沈家本、伍廷芳、杨度为代表。

1907 年 10 月 3 日，沈家本上《刑律草案告成分期缮单呈览并陈修订大旨折》，并附刑律总则清单按语；同年 12 月 30 日，又上《进呈刑律分则草案折》及分则条文，主张刑法典采用西方近代体例，分为总则、分则。

1908 年初，《大清新刑律》草案分发部院督抚大臣签注意见。军机大臣兼管学部大臣张之洞首先发难，上奏折全面批驳新刑律草案有妨礼教，蔑弃纲常。直隶、两广、安徽等督抚大臣也纷纷附和。紧接着，清政府发出"旧律义关伦常诸条，不可率行变革"的修改新刑律上谕。这实际上表明，无论是沈家本等修改新刑律，还是各地督抚大臣签注新刑律，都必须遵此谕令。

沈家本不得不遵旨将有关伦常各条加重一等，然后送交法部。礼教派代表人物、法部尚书廷杰又在正文后面加上《附则五条》，明确规定，犯"十恶"、"亲属容隐"等有关伦纪礼教各罪仍依照大清律处理，从而否定了正文的规定。这次修改案定名为《修正刑律草案》，1909 年由廷杰、沈家本联名上奏。

1910 年，《修正刑律草案》交宪政编查馆核定。宪政编查馆参议、考核专科总办劳乃宣，又率先发难，要求把"旧律有关伦纪礼教各条"直接写入新刑律正文。礼教派群起附和，使新刑律几乎有被推翻之势。对此，沈家本著文加以痛驳。协助修律的清政府法律顾问、日本法学博士冈田朝太郎、松冈正义以及宪政馆、法律馆法理派诸人也支持沈家本的意见。礼教派与法理派双方就新刑律的具体条文互相辩难。最后，经宪政编查馆调和，《附则五条》改为《暂行章程》，上奏后交资政院议决。

资政院是清政府为筹备立宪而于 1910 年 9 月 23 日

设立的具有议会性质的机构，其议决法律采用"三读法"。11 月 4 日，宪政编查馆特派员杨度亲至议场发表讲演，阐明新刑律的国家主义立法宗旨，批判旧律的家族主义原则，以致资政院议场哗然，杨度成为众矢之的。礼、法两派在资政院议场内外展开了大辩论。据当时资政院的记录，议场辩论达到了白热化的程度，秩序大乱。劳乃宣不仅亲自撰文批驳法理派，而且还邀集 105 名亲贵议员向资政院提交了《新刑律修正案》，对《大清新刑律》增修有关礼教条款达 13 条又 2 项之多。礼法之争达到高潮。最后，因两派观点无法调和，只好投票表决。但由于资政院法定会期已过，新刑律全文在议场并没有全部议完。礼、法派双方在议场内的辩论虽告一段落，但斗争并未停止。不久，在礼教派的弹劾下，沈家本被迫辞去修订法律大臣和资政院副总裁之职，结束了近 10 年的修律生涯。

礼法两派之争，表现在诸多方面，而关于"无夫奸"、"子孙违犯教令"的争论最为激烈。

关于"无夫奸"，法理派坚持不能写入新刑律正文，以犯罪论处。因为这种行为属于道德教育范畴，况且西方各国刑法，均不以此种行为为犯罪。如果写入正文，外国人就会坚持治外法权，而且在司法实践中也很难搞清楚案情，给司法机关带来许多麻烦。礼教派则坚持以"无夫奸"为罪，因为中国人的普遍心理都认为这种行为有罪，道德与法律实为一回事，违背道德的行为就是违法行为，应处以刑罚。中国和西方的家庭关系不同，"无夫奸"如不治罪，就容易酿成争端，进而妨害社会治安，这是由中国的礼教决定的。中国立法不应该随外国人的态度为转移，而应该以国内治安为主旨。

关于"子孙违犯教令"，礼教派认为把它写入正文，就是把对子孙治罪之权授予尊长，实际上是"孝道"的要求，子孙不可有正当防卫。法理派主张，这个问题纯属家庭教育问题，与刑法无关，当然不必在刑法中规定。况且，从法律原理上讲，判定某一行为是否构成犯罪，应该以法律规定为标准，而不应视其身份而定。国家应将一切不法行为纳入法律范围，不容许尊长擅自行使立法权、司法权。

礼法双方的争论实际上反映了清末修律过程中两种法律思想的交锋。礼教派代表的是封建的法律思想，以维护封建君主专制和宗法家族制度为宗旨；法理派代表的是近代资产阶级的法律思想，以维护"人权"为宗旨，强调以个人为本位的国家利益高于家族利益。

可见，双方争论的焦点在于：鉴于当时的国情，制定新法律是以西方近代资产阶级法律原理、原则为主要指导思想，还是以封建礼教为主要指导思想？其实质是，中国法律究竟要不要改革，要不要近代化。从这个意义上说，将礼法之争视为西方近代法律文化传入中国半个多世纪后，与中国传统法律文化撞击、磨合过程中的一次大决战似乎并不为过。

实际上，在论战中，礼法双方并不绝对主张礼教或法理。尤其是法理派，虽然要求用西方法律原理、原则来制定新刑律，但是实际上其思想并未完全脱离，也不可能完全脱离礼教。曾经参加起草《大清新刑律》的日本法学博士冈田朝太郎，在评价《大清新刑律》时就说它还是比较重视礼教的。

"礼法之争"虽然以法理派的退让而告终，但是这场论战毕竟打破了两千年来以儒家纲常礼教为核心的封建法律一统天下的局面，对大陆法系的介入和西方近代法律学说在中国的传播起了促进作用。在沈家本等法律改革家的推动下，清政府不得不在法律近代化的道路上被迫艰难行进，从最初只打算制定商律、路律、矿律、交涉刑律以补充中国法律之不足，发展到对封建法律动大手术，全面引进西方近代法律体系。

☁ *3* 有破有立

1904 年 5 月 15 日，经过两年的筹备，修订法律馆终于开馆办事。其首要工作就是改革《大清律例》。经过一年的努力，共删除旧律 344 条，由于没有超出清朝历代修例范围，上奏后很快被批准照行。

1906 年，沈家本开始主持编订新刑律草案，由日本法学家冈田朝太郎负责起草，1908 年初完稿。由于新刑律是正式实行立宪后使用的法律，而清政府宣布正式立宪则在九年之后，在"预备立宪"期内旧律又不适用，为防止出现无章可循的局面，沈家本上书朝廷，提出先编订现行刑律，作为过渡性法典，同时又可为推动新刑律打下基础。

1910 年 5 月，《大清现行刑律》颁行。其主要变革：①取消《大清律例》吏、户、礼、兵、刑、工六律总目，以适应官制改革后的整齐划一；②把《大清律例》中的继承、分产、婚姻、田宅、钱债等纯属民事的条款分出，不再科刑，以示民刑有别；③废除凌迟、枭首、戮尸、刺字等酷刑，设置罚金、徒刑、流刑、遣刑、死刑等新的刑罚；④删除过时的条文，如禁止同姓为婚、良贱为婚；增加了新的罪名，如毁坏电路、电讯和私铸银元之罪等。

可见，尽管重刑轻民、诸法合体的法律体例并未被彻底打破，但是与《大清新刑律》相比，这部过渡性法典已经吸收了一些新的法律原则，被视为集清末法律改革之大成，封建法典中最进步的一部法典，为近代法律体系的建立奠定了基础。尤其是分离出来的民事部分，由于清末一直未颁布民法典，因而始终有效，直至民国初年仍沿用。

1911 年 1 月 25 日，清政府不得不按"筹备宪政清单"宣布的期限，颁行历经"礼法之争"磨难的中国近代史上第一部刑典——《大清新刑律》。该法典采用了西方近代刑法体例，引进了一系列西方近代刑法原则及刑罚体系，同时附录的《暂行章程》5 条保留了浓厚的封建残余。半个多世纪的中西法律冲突、磨合的结果终于在法律形式上体现出来。

1912 年 4 月 30 日，北京政府将《大清新刑律》略作改动而称为《暂行新刑律》，沿用了《大清新刑律》的体例、内容。

1928 年 3 月，南京国民政府颁布了在《暂行新刑律》基础上制定的《中华民国刑法》。这是中华民国的第一部刑法典，分为总则和分则两编，共 48 章 387 条。一般称为旧刑法。

1935 年 1 月 1 日，南京国民政府又颁布了经过修改的刑法，一般称为新刑法。分总则和分则两编，357 条。其中总则 12 章 99 条，包括法例、刑事责任、未遂犯、共犯、累犯和数罪并罚、刑之酌科及加减、缓刑、假释、时效、保安处分。分则 35 章 258 条，规定了各种罪名及处罚。新刑法采用了西方的"罪刑法定"原则，同时侧重"主观人格主义"，即强调以犯罪行为的性质而不是以客观后果为依据来定罪量刑；引入"社会防卫主义"，强调发挥刑法的"保全与教育机能"，还特别增加了"保安处分"专章；标榜"从轻主义"，对一般轻罪的处罚较旧刑法的规定有所减轻，但对所谓触犯统治秩序的行为则从重、从严处罚。

与古代中国重刑轻民的法律传统相反，古代西方很早就出现了"商品生产者社会的第一个世界性法律"——罗马法。

据考证，现代"民法"一词就来源于古罗马的"市民法"。罗马法中的私法部分对后世资本主义民法体系有着重大的影响，以致近代西方大陆法系的"民法"概念仍包含有市民法律和公民法律的含义。世界上第一部民法典即 1804 年《法国民法典》和 1900 年《德国民法典》都是以罗马法为蓝本建立起近代民法部门和民法学理论、体系的，并对世界各国的民法产生了极其广泛的影响。

中国古代没有民法及民法观念。中文"民法"一词源于日本。明治维新后，日本在制定民法典时，转译法语"Droit Civil"一词，并首次用汉字定名为"民法"，清末传入中国。中国古代有关钱粮、债、田土、户婚等相当于近代民法的法律规范都收在各个朝代的律例中。但是，1840 年鸦片战争之后，随着西方法律文化的传入，"以刑为主，民刑不分"的传统法律体系开始瓦解，民法观念随商品经济的发展在清末出现，制定民法也提到议事日程上来。

1907 年，民政部大臣善耆及大理院正卿张仁黼分别上书朝廷，建议制定民法。与此同时，宪政编查馆也提出了编订民法的方案。于是，从 1907 年开始，修订法律馆组织人员起草民法典。日本法学家志田钾太郎、松冈正义负责起草总则、债权、物权，采用大陆法系瑞士、德国和日本的民法原则；亲属与继承，由修订法律馆会同礼学馆起草，仍沿袭了中国传统法律原则。1911 年 9 月草成，定名为《大清民律草案》。但是由于清政府很快被推翻，未及颁行。尽管如此，近代中国第一部民法草案对后来的民事立法，无论在形式上还是在内容上都有相当的影响。

1921～1925 年，北洋政府编纂的《民律第二次草案》，就是在《大清民律草案》的基础上完成的。该草案曾被各级法院作为条例援用，不过始终未颁行。

1929～1930 年，南京国民政府在前两个民律草案的基础上修订了民法典，陆续分五编颁布了中国第一部民法典《中华民国民法》。这是中国近代法律中第一次正式使用"民法"一词。从"民律"到"民法"，历经20多年。这一转变不仅反映了民法观念的逐步深入，而且标志着民法体系在中国的最终确立。

由于中国古代一贯实行"重农抑商"的政策，因而根本谈不上商事立法。鸦片战争后，西方近代商法观念及商法随着中外贸易的发展传入中国。

1903年4月，清政府颁布上谕，派载振、袁世凯和伍廷芳编订商律，以适应通商惠工的需要。同年7月，设置负责振兴商务及铁路、矿务诸事项的商部，把编订商律作为其首要任务。但是，因为商律包括的内容广泛，一时难以完成，所以决定分期拟定。

1904年1月，清政府颁行《商人通例》、《公司律》，以后又陆续颁布了《破产律》等一系列单行法规。1908年，修订法律馆聘请日本法学家志田钾太郎协助起草《大清商律草案》，1910年完成，但未及颁行清政府即告覆灭。

1929年，南京国民政府通过《编订民商法统一法典议决案》，确定了"民商合一"的立法原则。据此，将本应属于商法总则、商业行为等若干内容并入民法债编，不能并入者分别制定单行法。于是，1929年之后，陆续公布了《公司法》、《票据法》、《海商法》、《破产法》、《保险法》、《银行法》等。

经过近30年的努力，以"刑"为主的传统法律体系逐渐被以民商法为中心的近代法律体系所取代。

西方从古代开始就比较注重诉讼程序，在立法上往往是程序先于实体。如，公元前5世纪古罗马的第一部成文法《十二铜表法》就把程序法摆在实体法之前。古罗马法学家主张先有诉权而后有权利。公元前2世纪，著名法学家盖尤斯（Gaius）发表《法学阶梯》一书，作为法科学生的教科书。该书将法律从内容上分为三类：人法、物法、诉讼法。这种法学分类理论后来被查士丁尼的《法学总论》所采用。虽然古罗马也是诸法合体，但是其程序法的分类理论及立法实践对西方近代法律体系产生了深远的影响。

近代资产阶级革命爆发后，启蒙思想家提出民主、平等、保障人权等口号，要求建立新的诉讼制度。19世纪初期，拿破仑执政时期制定了五部法典，其中有两部诉讼法典：1807年的《法国民事诉讼法典》，是世界史上第一部民事诉讼法典，也是第一部诉讼法典；1808年的《法国刑事诉讼法典》，是近代史上第一部刑事诉讼法典。这两部诉讼法典沿用了将近一个半世纪，为以后德国、日本等大陆法系国家诉讼法体系的建立奠定了基础，体现了资产阶级民主、平等、博爱、人权的近代诉讼法制，取代了封建专横的诉讼法制，在诉讼法史上实现了一次重大的飞跃。

现代学者一般都认为，中国早在西周时期已对民事诉讼和刑事诉讼有所区别。其根据就是在《周礼·秋官·大司寇》中出现了"狱"和"讼"的概念。古代中国人将"以财货相告者"称为"讼"、"相告以罪名者"称为"狱"。在审判实践中，办理民事案件叫做"听讼"，办理刑事案件叫做"折狱"。但是，与古罗马相比则略逊一筹。古代中国既没有独特的法律分类理论，也没有在法律体系中明确出现"诉讼法"部门。虽然《元史·刑法志》中第一次出现"诉讼"一词，有学者据此推断元朝法律中或许"诉讼"独立成篇，并且在司法实践中已将民事案件与刑事案件有所区别，但这种变化并没有对明、清两代的法制产生多大的影响。不过，无论如何，诸法合体、以刑为主的中国古代法律中曾经出现过程序法与实体法初步分离的趋势。

1840年之后，西方近代诉讼观及诉讼程序随着领事裁判制度在中国的建立，开始在租界的领事法庭出现。不久，又在"会审公廨"——中国政府在租界中所设置的审判机构——中出现。尤其是租界内的华洋互控案件及后来纯粹涉及华人的案件，都是按照西方的诉讼程序来审理，公审制、陪审制及律师制均被采用。《申报》等报纸对一些重大案件进行的追踪报道和评价，促进了西方近代诉讼法律文化在中国的传播，中国传统的诉讼法制受到了强烈的冲击。

19世纪末20世纪初期，随着中外商业贸易往来日益频繁，"华洋"争讼案件也越来越多。于是，制定一部诉讼法典已成为迫在眉睫的大事。

制定诉讼法的动议最早由沈家本、伍廷芳提出。1905年初，朝廷允准刘坤一、张之洞《议覆江督等会奏恤刑狱折》之后，"刑讯"被有条件地废除。但是不久，御史刘彭年又奏请恢复部分被废除的刑讯。理由是中国刑法典的制定刚显端倪，其他各种法律未备，尤其是没有诉讼法；如果禁止刑讯，则案子很难迅速审结，必然造成案件积压。朝廷将此奏折转沈家本、伍廷芳核议。沈、伍二人上折批驳了刘彭年的意见，认为造成累讼的原因之一就是中国古代法律实体法与程序法不分、民事诉讼与刑事诉讼不分，因而必须尽快制定民事、刑事诉讼法，以便全国各地审理案件有章可循。

在西方近代各种部门法中，沈家本对诉讼法尤为重视。他用传统的"体用"关系来分析实体法与程序法的关系，认为实体法是"体"，"体不全，无以标立法之宗旨"；程序法是"用"，"用不备，无以收行法之实功"；二者相因，不可偏废。沈家本对西方近代诉讼法独立的法律形式很欣赏，主张中国效法。这标志着传统诉讼观念已经开始发生变化。

在沈家本的主持下，1906 年初，《大清刑事民事诉讼法》草案完成，共分 5 章：总纲、刑事规则、民事规则、刑事民事通用规则、中外交涉案件，260 条，另附颁行例 3 条。它不仅从体例上打破了诸法合体的传统，而且首次采用了西方资产阶级民主、平等的诉讼原则和陪审制、律师制。正因如此，该草案上奏后遭到以张之洞为首的"礼教派"的极力反对，因而被废弃。但是，沈家本、伍廷芳等清末改革者试图在诉讼程序上冲破封建专制制度，实为法制近代化历程中的一大创举。

由于仿行立宪的需要，不久，诉讼法又分为刑事、民事两部分重新修订。1911 年 1 月，基本上抄袭德国、日本诉讼法典的《大清刑事诉讼律》草案及《大清民事诉讼律》草案完成，但未及审议颁行，就因清政府灭亡而告作废。

1921 年 11 月 14 日，北洋政府对清末两部诉讼律草案略作修改，更名为《刑事诉讼条例》和《民事诉讼条例》，予以颁布，但是仅在局部地区施行。

1928 年 7 月，南京国民政府颁布了中国近代史上第一部刑事诉讼法典《中华民国刑事诉讼法》。1930 年底至 1931 年初，又陆续颁布了中国近代史上第一部民事诉讼法典《中华民国民事诉讼法》。至此，清末"法理派"的改革夙愿才得以实现，诉讼法才真正从实体法中分离出来。

从清末诉讼观的转型，到 20 世纪 30 年代近代诉讼法部门的建立，经历了风风雨雨几十年磨难。曾经揭开清末"礼法之争"序幕的诉讼法草案经过几十年的"难产期"，终于脱离诸法合体的母体，降临世间，为中西法律文化的冲突暂时画上了一个句号。

在清末修律成果中，有一部法律无论在当时还是在后来几乎没有引起人们的注意，这就是 1910 年颁布的《大清著作权律》，中国历史上第一部著作权法。

著作权，又称版权，是文学、艺术和科学作品的作者依法享有的权利。在 20 世纪后半叶，随着被美国著名未来学家阿尔温·托夫勒描述为第三次浪潮的电子革命的兴起，人类社会文明进入了信息时代，保护版权的法律日益受到人们的重视。但是早在 20 世纪初期，形成于西方近代资本主义国家的版权法就悄悄叩开了中国近代法律体系的大门。

1709 年，英国颁布了《安娜女王法案》。自此，

16世纪欧洲以保护出版商、印刷商特权为中心的特许令开始转变为以保障作者权利为本位的平等的民事法律，奠定了近代版权观念的基础。1740年，英文中出现了"版权"一词，《安娜女王法案》也因此成为世界上第一部版权法。后来，英美法系国家发展成了版权法体系。

在法国大革命中，资产阶级法学家将"天赋人权"的原则适用于著作权，认为它是作品产生的权利，与作者密不可分，因而强调保护作者的权益。1793年，法国颁布了《作者权法》。从此，在欧洲大陆法系国家，"作者权"观念深入人心，著作权发展成为以作者为核心的民事权利。

日本在明治维新后首先引入的是英美法系的"版权法"。日本著名教育家福泽谕吉根据英文"Copyright"一词创造了日文汉字"版权"一词。1875年、1887年，日本先后制定颁布了两个《版权条例》，1898年又颁布了《版权法》。与此同时，日本法学家深入研究西方各国版权制度之后，发现大陆法系的作者权法制度比英美法系的版权法制度更为合理，过去所译"版权"一词不妥当，容易被误解为表示出版人的权利。如果与当时的国际潮流合拍，则应当强调保护作者的权益。于是，日本学者水野练太郎用日文汉字将德文"作者权"一词表达为"著作权"，其本意即著作人的权利。日本为了参加《伯尔尼公约》，修改了过去的《版权条例》、《版权法》，于1899年颁布了《著作权法》。

与火药、指南针、造纸术并列的印刷术，最早起源于中国。北宋年间，毕昇创造了活字印刷术。此后，北宋开始出现了禁止翻版的榜文。据史书记载，宋神宗继位（1068）之前，为保护《九经》监本，朝廷下令禁止一般人随意刻印这部书，若要刻印，须申请国子监批准。元、明、清三代也都有类似的规定。但是，并未形成通行全国的版权保护法制，也无所谓"著作权"观念。

19 世纪末期，随着中日文化交流的发展，清末的改革者开始以日本为师，"版权"、"著作权"观念传入中国。汉语"版权"、"著作权"词汇也从日文中舶来。

据考证，中文首次出现"版权"一词是在 1902 年3 月 9 日蔡元培的《日人盟我版权》一文。1903 年 4月，严复上书学部大臣张百熙，呼吁进行"版权立法"。"版权"一词最早见诸官方文件是 1903 年 10 月 8日的《中美通商行船续订条约》，其第十一款为：无论何国若以所给本国人民版权之利益一律施诸美国人民者，美国政府亦允将美国版权律例之利益给予该国之人民。

清末修律时，沈家本、伍廷芳主持起草了《大清著作权律》，1910 年颁布。这是中国法律中最早使用"著作权"一词。

20 世纪初，在大多数国人看来，著作权法似乎不如刑法、诉讼法、民商法、宪法等部门法重要，因而除少数知识分子如蔡元培、严复等外，《大清著作权律》的起草、颁布并未引起注意，加之未及实施，所以也没有像其他部门法那样出现波折。但与这种现象正好相反，《大清著作权律》的制定、颁布顺应了19世纪末20世纪初著作权立法的国际潮流，即顺应了保护作者权益的大趋势，标志着近代中国人权利意识的树立与加强。辛亥革命后，北洋政府、南京国民政府分别于1915年、1928年颁布《中华民国著作权法》。《大清著作权律》所确立的著作权概念、著作权法的基本原则和法律体系得到继承和发展。

与《大清著作权律》等近代著作权法不引人注目的情形正好相反，宪法在整个近代化里程中一直是"热点"，尤其是在中华民国初年。

20世纪初，随着国际、国内形势的变化，立宪之风再次兴起。1906年，清政府宣布实行预备立宪，强调立宪的原则是"大权统于朝廷，庶政公诸舆论"。从此，制定宪法成为近代中国政治、法律生活中的一件大事。

1908年8月27日，清政府颁布了由宪政编查馆制定的《钦定宪法大纲》、《议院法要领》、《选举法要领》等一系列中国历史上最早的宪法性法律文件。《钦定宪法大纲》系仿照日本宪法而成，由两部分组成：君上大权、臣民权利义务。前者属"正文"，共14条；后者为"附录"，共9条。在这里，尽管"权利义务"依附于"君上大权"，其"细目当于宪法起草时酌定"，但是毕竟规定臣民在法律范围内，"所有言论、著作、出版及集会、结社等事，均准其自由"，"臣民非按照法律规定，不加以逮捕、监禁、外罚"，"臣民之财产及居住，无故不加侵扰"。"权利"一词在中国的法律上第一次出现了。尽管这种"权利"是"君上""赐给""臣民"的，但是近代西方宪法中人民的权利自由在这部《大纲》有明确的规定。这在中国历史上不能不说是一个进步。

经过半个多世纪中西法律文化的冲撞、磨合，大清帝国终于无可奈何地从形式上接受了西方宪法及宪政文化。与《钦定宪法大纲》配套的《议院法要领》仅有 11 条，《选举法要领》仅有 6 条，是清政府计划中将要制定的《议院法》和《选举法》的大纲。可见，清政府已经拉开了实施宪政的架子。

在推翻清王朝的过程中，宪法作为有力的武器被广泛适用。1911 年 11 月 9 日，湖北军政府颁布了由宋教仁起草的《中华民国鄂州约法》，规定鄂州政府实行"三权分立"，并依据资产阶级"天赋人权"的思想规定了人民的权利义务，把资产阶级地方共和政权的模式以法律形式固定下来，促使人民在政治上的觉醒，进一步推动了西方宪政思想的传播，开创了中国资产阶级立宪法的先河，成为第一部资产阶级省级共和宪法。

1912 年 3 月 11 日，孙中山签署并颁布了《中华民国临时约法》，从法律上宣告了封建君主专制制度的灭亡和资产阶级民主共和国的诞生。从此，民主共和观念日渐深入人心。

以袁世凯为总统的北洋政府是军人政府，靠武力维持统治。但是，既然形式上的民主还存在，就要为自己上台制造法律依据，因而出现了频繁立宪的独特现象。他们忽而解散国会，忽而又恢复国会；忽而废弃约法，忽而又制定宪法，导演了一幕幕制宪"闹剧"。

1913年10月，第一届国会通过了以《中华民国临时约法》为基础制定的《天坛宪草》。由于限制总统权力，引起袁世凯不满。1914年1月14日，袁世凯下令解散国会，废弃《天坛宪草》；同年5月，颁布了《中华民国约法》即"袁记约法"，全面否定了《中华民国临时约法》，实行大总统集权制，为其复辟帝制创造条件。

1923年10月5日，曹锟以5000元一票贿买选票当上了"贿选总统"。接受贿赂的"猪仔议员"在不到七天的时间里为曹锟炮制出一部《中华民国宪法》，于曹锟就职的同时颁布。这是中国近代史上公布的第一部正式宪法，又称"曹锟宪法"或"贿选宪法"。从形式上看，它远远超出了《中华民国临时约法》、"袁记约法"和《天坛宪草》，内容也更加完整。但不到一年的时间，就被废弃。1925年的段祺瑞临时执政府又炮制了"段记宪草"。此外，从1920年至1924年，一些割据一方的地方军阀也在"联省自治"的风潮中纷纷制定省宪法。

1927年，国民党发动四一二政变后，建立了南京国民政府。蒋介石为取得"合法"地位，命吴稚晖等起草《训政时期约法》，于1931年6月1日公布实施，共8章（总纲、人民之权利义务、训政纲领、国计民生、国民教育、中央与地方之权限、政府之组织、附则）89条。约法确立了国民党一党专制、蒋介石个人独裁的原则。这是南京国民政府实施时间最长的一部宪法性文件，也是国民党实行"训政"的基本"法律依据"。

1932年底，迫于各方面的强大压力，南京国民政府宣布准备"制宪"。1936年5月5日，由蒋介石批准公布了《中华民国宪法草案》，又称"五五宪草"，共8章148条。由于时局的变化，未及议决。

抗日战争胜利后，国共两党在重庆谈判，并于1945年10月10日签订《国共代表会议纪要》，即"双十协定"。1946年1月，政治协商会议在重庆召开，在中国共产党人和民主人士的努力下，通过了《宪草修改原则》12条，要点是：实行国会制、内阁制、省自治和司法独立；强调"凡民主国家人民应享有之自由与权利，均应受宪法之保障"，"关于人民自由，如用法律规定，须出于保障自由之精神，非以限制为目的"，全面否定了国民党独裁专制。但是，在美国的支持下，国民党完成了内战的准备，在向解放区发动全面进攻的同时，撕毁"双十协定"，破坏政协决议，于1946年11月15日非法召开共产党、民主党派和无党派民主人士拒绝参加的"国民大会"，并于12月25日通过《中华民国宪法》，1947年1月1日公布，同年12月25日施行，共14章（总纲，人民之权利义务，国民大会，总统，行政，立法，司法，考试，监察，中央与地方之权限，地方制度，选举、罢免、创制、复决，基本国策，宪法之实行及修改）175 条。虽然国民党将之作为结束"训政"、开始"宪政"的标志，但其基本精神与《训政时期约法》一脉相承，实际上确认蒋介石的总统终身制，维护其个人独裁。中国近代史上的第二部《中华民国宪法》宣布实施仅一年多，南京国民政府就被推翻了。

三 从野蛮走向文明

轻刑之风的东渐与两种
刑罚体系的距离

据说，一位颇具影响的意大利学者曾讲过一句名言："罗马人是民法的巨人，刑法的矮子"。于是，也有中国学者借此来形容中国古代法律的特点："中国人是刑法的巨人，民法的矮子"。

这种看法是否恰当姑且不论，但却生动、真实而形象地概括了中国古代刑法、刑罚相当发达的历史事实。

古代罗马法的私法部分对西方近代法律体系，尤其对大陆法系民法部门的形成及其原理的阐发影响很大。相对而言，其刑法则缺乏系统性、理论性，而且对后世也没有多大的影响。中国古代法律以"刑"为主，不仅刑罚制度自成体系，而且源远流长，在世界刑罚史上堪称之最。

中国封建社会刑罚统称"五刑"，以残害肢体的肉刑为主，体现了封建法律的残酷性和野蛮性。

西方古代、中世纪的刑罚体系也是以死刑和残害肢体的身体刑（肉刑）为中心的。尽管西方刑罚体系并不像古代中国的"五刑"那样规范，但是统称为"身体刑"的这种刑罚，也包括对身体的致残性惩罚，如割掉舌头或在舌头上穿洞、切除嘴唇、割鼻子、砍去或烧灼手脚，与中国古代的肉刑可谓异曲同工。

17～18世纪，欧洲资产阶级革命之后，随着启蒙主义思想的传播和人道主义精神的影响，出现了自由、平等、正义的刑罚观念。西方各国掀起了改革刑罚制度的热潮，其锋芒直指中世纪反人道主义的残酷刑即身体刑和重刑，大力提倡自由刑和轻刑。随后，各国普遍建立了以自由刑为主的刑罚体系，残酷的身体刑从法律上被彻底废除了。

鸦片战争之后，轻刑之风传入中国。在实行领事裁判权制度的中国各租界，西方列强的领事法院或领事法庭依据西方近代刑法处理发生在外国人之间的刑事案件，所判刑罚以自由刑（徒刑或监禁）为主，残害身体的肉刑被废除。不久，这种轻刑之风便吹到租界之外。

19世纪70年代，上海县发生了一起轰动中外的案件。京剧名演员杨月楼与某商人之女韦阿宝相爱，经双方父母同意，结为良缘。不料在新婚之夜大祸临头。因韦阿宝之族叔、广东人韦某向上海知县诬告杨月楼诱拐良家女子，杨月楼夫妻在新房中双双被捕。审讯期间，杨月楼遭严刑拷打；韦阿宝不听从知县良家妇女不嫁戏子的劝告，坚持嫁与杨月楼，被掌嘴二百。

案发后，刚刚创刊的《申报》，便以《京剧艺人杨月楼遭受迫害》为题加以报道，并连续进行将近一年的追踪报道，为杨月楼鸣不平。如案发后不久，就刊出《中西问答》一文，详细报道杨月楼受刑的惨状及西方人士对这些残酷刑罚的批评；又刊登《英京新报论杨月楼事》一文，转引英国伦敦《新报》对杨月楼严刑的评论。借《申报》舆论阵地，西方近代轻刑的人道主义刑罚思想开始了对中国传统刑罚的批判和冲撞。

后来，名义上为清政府在租界内所设立的审判机构，实际上由中国官员与外国领事共同管理的"会审公堂"，也不得不在判决中采用西方的刑罚，放弃中国古代的非人道刑罚。比如，1903 年的"苏报案"在外国领事的参与下，最后仅判处章太炎监禁 3 年、邹容监禁 2 年。

1904 年，修订法律馆开馆后的第一件事就是翻译外国法典，其中主要有德国、俄国及日本、法国、英国、美国的刑法。西方近代刑罚体系、原则和轻刑思潮完整地被介绍进来。

1905 年，清末修律大臣沈家本、伍廷芳连衔上《删除律例内重法折》，通过对比中西法律，提出刑罚"中重而西轻者为多"，西方各国以此为借口批评中国刑罚"不仁"，坚持治外法权。因此，应顺应世界各国近代轻刑主义潮流，改革中国法律中最残酷、最野蛮、最落后的刑罚，如"刺字"等。

刺字，即商周时期的墨刑。汉朝称之为"黥"。汉初文帝所废除的肉刑包括黥刑，魏晋南北朝期间旋行旋废。隋唐皆无此刑。五代后晋天福年间，石敬瑭滥施酷刑，恢复黥刑，改称"刺字"，并与流刑结合施用，称为"刺配"。宋元明清沿用。但是，刺字的对象、部位和字体、形状，历代均不相同。宋朝起初规定刺脸部，后来又改为犯盗罪在耳后刺环形，处以徒刑、流刑的刺方形，处杖刑的刺圆形，三犯杖刑移至面部，直径不超过五分。辽则改刺面为刺颈、臂。元朝规定，蒙古人犯罪者不刺，汉人、南人犯盗罪者刺左右臂及颈部。明朝不仅规定初犯盗罪刺右臂，再犯刺左臂，而且规定，如果白天抢夺财物等，要在右小臂上刺"盗"字，以示羞辱。清朝则规定，满人轻囚不刺，重囚刺臂；汉人一律刺面。刺臂在腕之上、肘之下，刺面在鬓之下、颊之上，大小一寸五分见方，画阔一分半，罪名与发配地点分别刺在左右两颊。而且狱吏往往以刺字代替公文，经常出现应改而所刺墨字无法涂改的情况。

因此，沈、伍二人认为，肉刑早已废除，独存刺字之刑，这不仅不能收到明刑弼教之益，而且徒留"不德"之名，理应予以废除。

沈、伍的奏请得到清政府的允准，《大清律例》中刺字等项在修律之初就被明令废除。

1910 年 5 月，清政府颁布《大清现行刑律》。这部过渡性法典的一项重大改革就是设置了新的刑罚体系。从此，刺字等酷刑从法律中正式被删除。

最少量的使用刑罚，直至不用刑罚，这是人类法律文化所追求的永恒目标。西方资产阶级刑法理论中近代派的教育刑论者，就是这种观点的主倡者。而古代中国人则很早就有这个愿望。

据《尚书·大禹谟》记载，舜曾经命皋陶"作士"，负责审判刑事案件，要求他做到"刑期于无刑"，即刑罚的目的最终是消灭刑罚。战国以后，学者们就这个问题展开了深入的讨论，儒家学派主张"以德去刑"，而法家学派却坚持"以刑去刑"。儒、法两派的手段、方法不同，目的却是一样的。结果，在实践中，法家"以刑去刑"的重刑理论以秦王朝的很快灭亡宣告终结。汉初文、景二帝的刑罚改革按照儒家"仁政"、"德政"原则，多多少少向文明迈进了一步。但是，此后在相关理论及立法上长期存在争议，实践中也反复出现倒退，以致宋朝以后刺字等酷刑作为所谓"刑外刑"又恢复了。这表明，儒家所倡导的轻刑理论也难以畅行无阻。"刑期于无刑"在传统文化背景之下成为中国古代法律家难圆之梦。社会发展到 20 世纪初期，如果不是西方近代刑罚观念及轻刑主义思潮的传入和冲击，中国传统刑罚观及刑罚体系恐怕很难被迅速摧毁。

文明之刑的无声撞击

中国古代已经有徒刑，这是公认的。但是，徒刑在中国起源于何时，却众说纷纭。早在唐朝就有人推测"盖始于周"。近代学者则确定最早在商朝，最晚在秦朝。这种学术争鸣现象反映出徒刑作为古代中国唯一文明之刑确实引人注目。因而要考察中国刑罚的近代化里程，是不能避开这个热门话题的。

据现代学者研究，中国古代最早的徒刑是春秋中晚期的胥靡之刑。被判该刑者要强制服劳役，这种人也称为胥靡。大约在春秋中期，今天河南偃师县东一带，已成为罪犯胥靡服劳役的专门场所。因此，后来这一带就叫做"胥靡"。徒刑名称演变成地名，可见这种刑罚已形成制度并有了相当的发展。战国时期，各诸侯国普遍设置了这一刑罚，齐国法律中甚至出现了"徒"这一词。

春秋战国时期，农业生产力有了较大的提高，社会生产方式从奴隶制形态转变为封建形态，封建个体经济逐渐占据主导地位。如果再像奴隶社会早期一样将罪犯罚为奴隶，则会阻碍生产力的发展，破坏封建生产关系的建立与巩固。而与之相适应的是将罪犯判处徒刑，这样，既可以惩罚罪犯，又可以让他们为官府提供无偿的劳动，增加国家的收入；同时，这种做法也使罪犯感到有获得自由的希望，而不至于伤害劳动积极性。再者，当时连年的兼并战争使各诸侯国的人力、物力消耗都很大。为了兼并他国，争霸天下，各诸侯国都力争发展本国的经济，致力于政治改革。而徒刑的产生，在一定程度上能够使得经济发展、政治稳定，从而有利于各诸侯国专制王权的建立与巩固。正是基于这一点，徒刑在春秋中晚期创立后，迅速在各诸侯国普遍推行。

从奴隶社会将罪犯罚为官奴隶，到被以劳役为特征的徒刑所取代，这种转变标志着刑罚观念的进化，是历史发展的必然趋势，也是刑罚制度从野蛮逐渐走向文明的标志。

秦汉以后，徒刑为历代封建法典所沿袭，成为封建刑罚体系中一个重要组成部分。其发展大致可划分为两个阶段：第一阶段，春秋战国至秦汉魏晋南北朝时期，为形成发展阶段，其特点表现为徒刑名称及刑期变化不一；第二阶段，隋唐至明清时期，为成熟定型阶段，其特点表现为有了固定的名称"徒刑"，刑期也固定下来。

可见，中国古代徒刑的发展符合刑罚发展的一般规律：从繁复多样、重刑到简单划一、轻刑。

近代西方的自由刑指剥夺犯人的人身自由，一般说来，包括徒刑（有期徒刑、无期徒刑）和拘役两类。执行这种刑罚的物质基础是壁垒森严的监狱。因此，自由刑体系的完成过程，也是与之相配套的执行场所监狱臻于完善的过程。

据说，1525年英国在布莱韦尔一个古老的城堡里适用这种新刑罚，强制犯人在城堡中劳动。

1595年，荷兰在其首都阿姆斯特丹为男犯人设置了劳役场。两年后，又为女犯人设置了纺织所。

其后，各国纷纷仿效，各自形成了一定规模的设施。如1615年，德国在汉堡设立了犯人劳动场所。但是，这一时期的自由刑还没有在刑罚体系中占据中心地位。

18世纪末19世纪初，以启蒙思想为动力的资产阶级大革命，高举天赋人权、自由、平等的旗帜，宣传资产阶级人道主义，反对封建专制的残酷刑罚，反对罪刑擅断，强调罪刑法定，主张适用罪刑相应的自由刑。同时，由于资本主义经济的发展，人口集中的城市出现了失业、贫困与饥饿，各种社会矛盾激化，刑事犯罪现象呈现多因化，犯罪率急剧上升。中世纪以身体刑、生命刑为中心的刑罚体系既不符合资本主义重商思想和自由观、人权思想的要求，也不能有效地遏制犯罪，降低犯罪率。在这种背景下，中世纪末期兴起的自由刑才逐渐在西方各国广泛适用，并取代了身体刑和生命刑，成为近代刑罚体系的主要内容。

1911年1月，清政府颁布了中国近代第一部刑典《大清新刑律》。该法典第一次采用了西方近代以自由刑为中心的刑罚体系，由主刑、从刑组成。主刑包括死刑、无期徒刑、有期徒刑、拘役和罚金。除死刑、罚金之外，其余三种都属于自由刑。无期徒刑属终身监禁，并服法定劳役，但可依法减刑。有期徒刑分五等，最短2个月，最长15年。拘役是短期监禁并服劳役，刑期为1日以上2月以下。这种刑罚体系取代了中国传统的以肉刑、死刑为主的"五刑"体系，并为中华民国时期的刑法所沿用。

清末在改革死刑制度时曾经引起了一场沸沸扬扬的争论。相比而言，中国古代徒刑向西方近代自由刑的转变则表现出悄然无声的特点。

这是因为，中国古代的徒刑是"五刑"中唯一文明之刑，自由刑是西方近代刑罚体系文明的标志。尽管两种文明的层次不同，但是毕竟都属于文明的刑罚。因此两种文明的对撞并不会产生强烈的冲击波。这反映了刑罚走向文明、轻刑的总趋势。

当然，严格说，中国古代的徒刑与西方近代的自由刑有着观念上和本质上的区别。中国古代的徒刑从惩罚性劳役出发，以报复刑、耻辱刑相结合。这一点从《唐律疏议》对"徒"的解释看得很明了，其《名例》篇解释说："徒者，奴也，盖奴辱之。"可见，徒刑从观念上并未完全摆脱早期罪犯被罚没为官奴隶的影子，其思想基础就是儒家传统的"仁慈"、"宽厚"。在"五刑"中，徒刑并不占据主要地位，且种类单一。而西方的自由刑虽然也要求服劳役，但是其出发点却是建立在近代自由、平等、人权思想基础之上，以剥夺自由权为特质，是从报复刑向教育刑发展的结果，种类丰富，在刑罚体系中占据中心位置。

沈家本等虽然看到了刑罚向轻刑发展的世界大趋势，但是对自由刑的真实意义却不甚了解，因而他是以传统儒家的"宽"、"仁"来注释自由刑的。但无论如何，中国人毕竟开始以其独有的方式接受西方近代文明之刑。

从菜市口到天桥

位于北京城南宣武门外的菜市口，自古以来就是繁华、热闹的商业中心。但明清时期却将此地选做执行死刑的刑场。

据史书记载，每逢秋后朝审，在京处决犯人众多之际，往往在菜市口刑场将这些死刑犯从东向西排列，行刑的刽子手手执鬼头刀从东向西挨个斩决。明清两代近500年，究竟在菜市口刑场杀了多少人，已经很难统计。但是据说由于杀人太多，行刑后沥血入土，菜市口的土质因此呈殷红色。

1898年9月28日，锁着"戊戌六君子"即谭嗣同、林旭、刘光第、杨深秀、康广仁、杨锐的铁笼囚车，直驱菜市口刑场。下午3点半，在令人窒息、恐怖的气氛中，"六君子"被押上刑场。成千上万的人们哭泣着为他们送行。突然，人们被谭嗣同洪亮的声音所震惊，只听他高声悲愤地朗诵着自己的绝命诗："有心杀贼，无力回天；死得其所，快哉快哉！"

刽子手被"六君子"这种视死如归、大义凛然的正气所惊恐，慌乱中挥舞着鬼头刀行刑，"六君子"的头颅被悬挂在刑场上示众。这是一个世纪以前菜市口刑场的一个悲壮场面。

清朝很多著名案件的死刑犯人都是在菜市口刑场行刑的。如：1858年，户部尚书、协办大学士柏葰任顺天乡试正主考官，刑部主事罗鸿祀为其弟罗鸿绎应试之事，买通了柏葰的家奴靳祥，趁柏葰不备，撤换试卷，使罗鸿绎取中。这就是轰动朝野的戊午科场案。案发后，柏葰等与此案有牵连者20余人均被捕入狱。咸丰皇帝特命载垣、端华、肃顺亲自审理该案。次年3月，柏葰以科场舞弊罪被处以死刑，押往菜市口行刑。

肃顺亲自监斩。而两年后，即 1861 年 11 月，载垣、端华、肃顺因"辛酉政变"被革职，载垣、端华均受命自尽，肃顺则被判斩立决，当即押赴菜市口刑场，斩首示众。昔日监斩官成为伏法人。

剥夺罪犯生命的死刑，是人类社会最古老的一种刑罚，并非中国独创。然而，中国古代的死刑颇具特色。古代中国人尤其重视死刑，把它列为"五刑"中最重的一种刑罚，所以又称为极刑，先秦时期还称为"大辟"。辟即刑，"大辟"即大刑、极刑。中国古代的死刑非常讲究执行方式，可谓五花八门，形式多样。而其执行手段也异常残忍，往往延长行刑时间，以增加犯人的痛苦。在现代人的观念中，从消灭罪犯生命的角度来说，采取何种方式处死，其结果都一样。但在古代中国人看来，选择哪种方式处死却干系重大。同样是死刑，处刑方式不同，至少可以表明罪行轻重有别。在这种死刑观的影响下，中国古代执行死刑的方式之多是古代西方国家所无法相比的。

中国古代法律所规定的死刑种类主要有：斩、绞、腰斩、枭首、弃市、车裂、凌迟、焚、磔等十余种。唐朝以后持续时间最长、影响最大的就有斩、绞、凌迟三种。

斩即斩首，令犯人身首异处；绞即用帛、绳等勒死或用绞刑架绞死犯人。从受刑者所承受的痛苦程度而言，斩刑最轻。绞在中国并非像西方那样以悬吊方式窒息而死，而是慢慢地将犯人绞勒致死，其方法或将犯人跪绑在行刑柱上，然后在脖子上套上绳圈，由两个行刑者各在一边绳套上插入一个木棍，慢慢绞紧绳子勒死犯人；或将犯人绑在行刑柱上，在脖子上套上绳圈，由行刑者在柱子后面逐渐绞紧，把犯人勒死。当然，用这种方法时犯人未必马上断气，所以法律规定，如果实行三次还不能勒死犯人，就可以改用其他方式处死。可想而知，被绞死的犯人会受到什么样的痛苦。但是在死刑等级中，斩却重于绞。因为中国传统观念认为，"身体发肤，受之父母，不得毁伤"。被斩者身首异处，而被绞者可以保留全尸，所以身首异处的斩刑，比之得以全尸的绞刑，更令人恐惧和感到屈辱。行刑者也往往利用人们的这种心理，在处斩之前向犯人家属索贿，一旦满足要求，则行刑时可使被斩者颈虽断而仍有一些皮肉与身体相连，身首未彻底分离，其家属稍可自慰。

凌迟，俗称"剐"，即"千刀万剐"，是最残酷的死刑。执行时要零碎割，令受刑者饱受痛苦慢慢地死去。辽代始定凌迟为法定刑罚，沿用至清末。但其施刑方法并无明文规定，据说有8刀、24刀、36刀、72刀、120刀之别。如果要割成百上千刀，则每次只能割一小块，据说，行刑时用渔网包在犯人身上勒紧，使皮肉从网眼中鼓出，然后一刀刀碎割致死，因而称为"鱼鳞碎割"。史载，明代大宦官刘瑾谋反案发后，被凌迟处死，行刑达3357刀之多，时间长达3天，可见凌迟刑罚之酷烈。

由于行刑无定法，因而行刑者经常借机向犯人家属敲诈。

古代西方死刑之残酷，比之古代中国毫不逊色。但是，随着近代文明的发展，死刑问题在西方成为思想家们争论的焦点，甚至出现了废除死刑的主张。于是，近代启蒙主义思想和人道主义精神，敲响了古代死刑制度的丧钟。

1764 年，意大利刑法学家切查列·贝卡利发表《论犯罪与刑罚》这一不朽名著，首次在理论上比较系统和深刻地论证了死刑的残酷性、非人道性和不必要性，明确提出了废除死刑或者严格限制死刑使用的主张。这一主张在西方国家产生巨大的影响。

1789 年 10 月 10 日，法国的吉约坦博士向国民议会提出议案，主张寻求"众人平等的"、"更有人情味的"处刑方法，要求采用"落斧"执行死刑。于是，在法国出现了由著名外科医生路易博士设计的机械斩首工具——"断头台"。救死扶伤与寻求死亡的矛盾在外科医生路易博士身上统一起来。后来，被称为"巴黎先生"的行刑者相继把路易十六、丹东以及罗伯斯庇尔等人送上了这个充满"人情味"的"断头台"。

近代文明精神要求死刑体现人道主义，即让犯人能迅速而无痛苦地死去。这就使西方的科学家不断努力去寻找最适宜的处刑方法。

1851 年，美国犹他州出现了一条独一无二的法律：死囚可以从绞刑、枪毙、斩首之中任选一种死法。结果，几乎所有的死囚都选择了枪毙。

作为死刑的执行方式，枪毙最早始于 18 世纪末期的军队。原本是处决违反军事刑法的士兵及间谍等，由于简便易行而较少痛苦，后来被普遍采用。据统计，到目前为止，法律规定死刑执行方式的大约 134 个国家、地区中，选择枪决的有 86 个。19 世纪末 20 世纪初，枪决这种方式也传到了火药的故乡——中国。

在崇尚科技进步的美国，孜孜不倦的科学家为探索快捷、简便的行刑方法甚至想到了电。19 世纪末叶，在爱迪生刚刚发明了电灯，给人类带来光明后不久，纽约州的立奥本监狱就奉献给了人类第一把电椅。1890 年 8 月 6 日上午，杀人犯威廉·凯姆勒"有幸"坐上了这把电椅。这是美国历史上第一次施行电椅死刑。该州政府认为，绞架已经过时，不能适应"开放与文明"的要求；而用电椅处死犯人又干净又快捷，能够减少犯人的痛苦。不过也有例外的情况，据载，有的犯人被电击伤后，七窍生烟，不能马上死去，异常痛苦。但大多数犯人是立即毙命的。

随着西方近代法律制度取代中世纪封建法律制度，世界各国的刑罚制度逐渐从以死刑、肉刑为中心的体系发展到以自由刑为中心的新体系。此后，西方各国的刑罚体系开始出现两种发展趋势：或废除死刑，或保留死刑但严格限制死刑的适用。近代中国的死刑改革则顺应了后一种国际潮流。

近代中国人最早接触、了解西方死刑制度是在 19 世纪 40 年代。1847 年，福建人林铖赴美国教习中文。回国后，林铖将自己在美国的所见所闻写成《西海纪游草》一书。其中记载，美国总统安德鲁·杰克逊上任后实行司法改革，措施之一就是废除死刑，代之以赎刑。林铖对此持赞成态度。但遗憾的是，此书在1867 年刊刻的数量有限，流传不广，因而没有引起人们的注意。

1840 年之后，西方列强掠取在华领事裁判权的借口之一便是中国的刑罚野蛮、残酷。列强们甚至"许诺"，一旦中国废除野蛮的酷刑，可以考虑"放弃"领事裁判权。于是，清末的改革家借助这一"许诺"，在19 世纪末20 世纪初期的中国掀起了改革刑罚制度的千层大浪。

如前所述，1905 年沈家本、伍廷芳上奏的《删除律例内重法折》，集中反映了清末改革家反对重刑、主张轻刑的思想。奏折建议废除《大清律例》中死刑三项重刑，还对这些酷刑逐一批判，论证废除的必要性。光绪皇帝采纳其建议，下令废除凌迟等死刑及缘坐、刺字酷刑，但保留了斩、绞二种死刑。对此，清朝修律顾问日本法学家冈田朝太郎认为："各国之中废除死刑者多矣，即不废死刑者，亦皆采取一种之执行方法。今中国欲改良刑法，而于死刑犹认斩绞二种，以抗世界之大势，使他日刑法告成，外人读此律者，必以为依然野蛮未开之法。"可见中国传统的"斩重绞轻"的死刑观念，仍不能为外国人所接受。而国内的守旧者则攻击说："刑之过轻，对反逆、恶逆之犯，不足以昭惩创。"而沈家本等改革者从实践到理论对此进行了有力的驳斥。

1906 年，刑法部大臣董康等一行人受命考察日本的司法实践，专门就死刑执行问题进行调查研究。回国后，董康即主持翻译了日本法学著作《日本刑法义解》和《死刑宜只一种论》。

沈家本以这些资料为依据，撰写了《死刑惟一说》一文，批驳反对者的攻击，指出中国的刑罚改革应该顺应历史潮流，在死刑执行方法上或斩、或绞、或枪决，只用一种，而不应并用两种或两种以上，更不应有等差、分轻重。因为刑法是国家惩罚罪犯的工具，不是私人报复的手段；如果从手段上分别轻重，实则在一国之中造成刑法实施不统一的恶果，有损国家法制的统一。沈家本的这些理论显然是受近代西方人道主义及法制思想的影响，具有鲜明的反对野蛮与落后的封建酷刑的进步性。然而，在当时的历史条件下，要让清政府卸下具有两千年历史的包袱，让全体司法官员接受"死刑惟一说"，是相当困难的。

不久，沈家本又上《虚拟死罪改为流徒折》，建议将《大清律例》中有死罪之名而在司法实践中并不执行死刑的条目删除，分别改为流刑、徒刑，得到朝廷允准。

随后，沈家本又写了《变通行刑旧制议》一文，认为刑罚制度的改革，旨在改变死刑的执行方式，主张采用西方大多数国家死刑秘密执行的方式，改革行刑旧制，在京师及地方专设一所封闭型的刑场，除监刑人员外，百姓不得入内观刑。

但在死刑执行方法上，沈家本不赞同西方的枪决。他认为，如果枪决时不能一发即毙则不如斩首来得人道些。这种看法在当时颇具代表性，而且也为一些西方国家所利用。据外国学者研究，八国联军入侵北京后，在处置义和团俘虏时，为适应中国"国情"，也曾改枪决为斩首。西方列强企图用儒家传统观念，以身首异处威吓中国人。

1910 年 5 月 15 日，清政府在删修《大清律例》的基础上颁布了《大清现行刑律》，规定死刑分为绞、斩两种。

1911 年 1 月 25 日，又颁布了中国历史上第一部仿照西方近代刑法体例、原则制定的刑法典《大清新刑律》。其正文规定死刑仅用绞刑一种，但在其后所附《暂行章程》的第一条却规定，"侵犯皇室罪"、"内乱罪"等仍用"斩"。

根本废除斩刑，是在民国建立以后。1914 年 11 月 27 日，北洋政府颁行《惩治盗匪法》，其第六条规定：死刑得用枪毙。从此，斩刑从法律上废除，枪毙成为中国近代死刑的主要执行方法。随即，北京的刑场也从人口稠密的菜市口迁到当时空旷的天桥南大道西面的先农坛二道门外。天桥的枪声取代了菜市口的刀光血影。

菜市口和天桥同在北京城南，相距不远，但是刑场的迁移却反映了死刑观念和刑罚制度的重要变化。法律认可的死刑是痛苦极少的枪决。枪决代替了斩首，说明社会更加重视的是死刑对犯人本身的惩罚意义，而不是对犯人的屈辱和对犯人家属的惩罚意义，同时也反映了人道主义精神在中国的进步。此后很长时间，砍头和枭首示众仍是常见的处死方式，甚至有更残酷的活埋、棒杀，等等。但那毕竟只是缺乏人性的泄愤方式，不是合法的死刑，人们可能敢怒不敢言，却绝不会认同残酷的刑罚，反而会进一步增强追求人道主义精神的愿望。可见，死刑的观念和行刑方式的进步，是最能反映人道主义精神普及程度的标尺之一。

从菜市口刑场到天桥刑场，虽然只有区区数里之遥，但是死刑近代化的步伐却行进了漫长的半个多世纪。这种变化标志着中国死刑制度从野蛮走向文明的近代化进程的终结。

四　司法独立的梦想

1 司法独立原则的传入

　　20 世纪 50 年代，根据清初朱素臣同名传奇改编的昆曲《十五贯》轰动全国，家喻户晓。故事发生在明朝常州府无锡县，写的是专以赌博为生的无赖娄阿鼠，盗窃肉店主人尤葫芦从其姐处借来的 15 贯钱，并将尤杀死。案发后，知县不经调查，主观臆断熊友兰、苏戌娟二人为凶手，并经三审定案。受命监斩的苏州知府况钟发现此案有冤，连夜求见巡抚周忱，禀明冤情，请得令箭一支，依法争得半月期限，亲自到无锡县处理此案。最终抓获凶手娄阿鼠，昭雪冤狱。这个冤狱故事反映了中国古代司法制度的根本特点：司法隶属于行政，无独立审判权，皇帝独揽司法大权。

　　明朝州县是第一审，其最高行政长官同时也是地方最高审判官。"十五贯"一案发生在无锡县，因而该县县令过于执为初审法官。复审由苏州知府况钟进行，三审由巡抚周忱进行。周忱本是刑部郎官，明朝开始中央派官至各地巡抚，于是受命巡抚江南。他代表皇帝对地方案件进行"朝审"：除重囚立即执行死刑之外，其余的要等秋后再定是否处决。这种特别的审判制度似乎含有缓刑之意，即对于死刑中罪情较轻者或情可矜悯者，暂缓判决是否应处死刑，实际上是从汉唐时期皇帝"录囚"之制即审查犯人罪行是否确凿以宽宥死刑犯人发展而来的，表明皇帝握有最高审判权，尤其对死刑。

中国封建社会司法无独立审判权，各级司法机关隶属于行政，审判活动要受行政干预。具体表现在三方面：①地方司法机关与行政机关合一，各级行政长官兼领并完全负责审判工作；②中央司法机关置于皇帝之下，对一切重大案件均无终审权；③皇帝可以在必要时派非司法机关直接参与审判，如唐朝皇帝常常命中书、门下二省更议刑部上奏的案件，而清朝的"六部"则直接参与"九卿会审"。

不仅司法机关完全成为皇帝及各级行政机关的附属，而且随着专制主义中央集权的强化，一方面各级司法组织机构不断扩大完善；另一方面中央司法机关逐渐从统一走向分散，地方行政长官的司法权却有不断缩小的趋势，司法受行政干预愈演愈烈。

西方封建审判制度与中国古代并无二致。但是，在近代欧洲反对封建专制的斗争中，西方却产生了审判独立的原则，又称司法独立。

司法独立的原则要求法院或法官依法独立进行审判，不受任何机关或个人的干涉。具体来说，包括两层含义：第一，司法权与立法权、行政权分立，由自成独立组织体系的司法机关行使；第二，法官或法院依照宪法或法律独立进行审判，不受行政机关、立法机关和任何个人的干涉。

这一原则源于法国资产阶级启蒙思想家孟德斯鸠等人的三权分立学说。在孟德斯鸠看来，国家权力应划分为立法权、行政权和司法权，由不同的机关和人员分别行使；如果司法权不同立法权、行政权分立，自由也就不存在。资产阶级革命后，这一原则被用法律形式固定下来，如1787年美国联邦宪法、1791年法国宪法，都规定了这一原则。

鸦片战争后，中国传统的司法审判制度开始受到西方司法审判制度尤其是司法独立原则的挑战。这种挑战来自两个方面。

戊戌变法失败后，严复致力于翻译工作，先后译出了孟德斯鸠的《法意》（今译《论法的精神》）等西方名著，并写下许多按语，阐发自己的观点，将西方法律学说、政治学说等社会科学理论原原本本介绍到中国来。

严复以孟德斯鸠的三权分立学说为依据，主张改革中国的旧法制，要求建立以西方国家为样板的新法制，尤其强调司法机关与行政机关分开，独立进行审判，其他机关不得侵权。法官裁判时，完全以国家法典为依据；只有这样，才有持平之狱，国民的利益才能得到保障。而在中国的专制制度之下，皇帝集立法、司法、行政大权于一身，行政、司法不分，容易发生流弊，难有持平之狱，因此必须改革。

严复所介绍的司法独立学说，在 19 世纪末期的中国犹如一声惊雷，震撼了传统的封建司法制度，向以皇权为中心的司法制度发出了挑战。

1843 年以后所确立的领事裁判权制度，从另一方面向中国的封建司法审判制度发起了挑战。

为了行使领事裁判权，西方列强纷纷在中国设置了司法审判机关。

1865 年，英国在上海公共租界设立"英王驻华高等法院"，又称"英国高等法院"，受理英国人在华一切民事、刑事案件，其审判人员均由英王任命。随后不久，英国又在上海公共租界设立"英国驻华上诉法院"，受理各种上诉案件。

从 1882 年起，在中国取得领事裁判权的英、美、法、日等 19 国又先后在驻华各领事馆内设立了领事法庭，专门审理"有约国"之侨民在中国境内的民、刑案件。其中，日本设 35 处，美国设 8 处，法国设 17 处。其审判官多以领事充任。

上述这些领事法院、领事法庭的终审法院，大多设在其邻近中国的殖民地或其本土。如，法国领事法庭的上诉法院设在越南的西贡、河内，不服者最后可诉至巴黎的大理院；英国则由伦敦的枢密院终审；日本的上诉法院设在长崎或汉城。

毫无疑问，西方列强在中国领土上所建立的独成一体的司法机构，侵犯了中国的司法主权。但客观上，租界内的西方司法机构或多或少地将西方司法制度带入中国，标榜司法独立的西方资本主义司法审判制度对大清帝国腐朽的封建审判机构及其制度的冲击，也是不容忽视的。这种客观上的挑战，既是国家主权之间的冲突，也是西方进步的资本主义同中国落后的封建专制主义之间的冲突。尽管在这场法制冲突中，西方列强的领事或审判官往往远离司法独立原则而以殖民者面目出现，片面保护其在华利益，肆意践踏中国的法律制度，但对中国封建法制的冲击、挑战，客观上推动封建专制主义的司法制度走向死亡之路。这一作用在19世纪晚期的中外混合法庭——"会审公廨"出现后表现得尤为明显。

会审公廨的冲击波

在中国近代司法史上，曾经出现了一个不伦不类、独特的中外混合法庭，这就是"会审公廨"，又称"会审公堂"。

1853年9月，小刀会攻占上海县城。英、法、美三国驻上海领事乘清朝地方官无暇顾及租界事务之机，夺取了对租界内华人的司法管辖权。小刀会起义被镇压后，英、法、美列强不但拒绝将夺取的司法管辖权交还给中国地方政府，而且力图使其合法化。

1864年，英国驻上海领事巴夏礼提议在租界内成立一个中国法庭，审理除享有领事裁判权国家的侨民为被告人以外的一切案件，凡涉及外国人利益的各种案件，外国领事均可派员陪审。清政府接受了这一要求。同年5月1日，"洋泾浜北首理事衙门"在上海公共租界内设立，上海道委任"理事"前往英国领事馆会同英国副领事阿查利开庭审理轻微的民事、刑事案件。中国历史上第一个实行中外会审的混合法庭出现了。

1869 年 4 月 20 日，中、英、美签订的《洋泾浜设官会审章程》公布生效，"理事衙门"从英国领事馆迁出，正式成立上海会审公廨。根据该章程规定，会审公廨是中国的司法机构，除纯粹华人案件完全由中国官员审理之外，其他一切与外国人利益有关的案件都要由外国领事或其委派的官员陪审。

19 世纪末期，汉口租界、厦门鼓浪屿也相继设立会审公廨。

起初，清政府曾经试图以《洋泾浜设官会审章程》限制外国领事的权力，结果事与愿违。外国领事极力反对中国"理事"单独审判，甚至纯粹的华人案件也不行。他们指责中国的法制不完备，行政官兼理司法，民事案件与刑事案件不分，甚至中国的司法审判官贪赃枉法，中国的刑罚残酷，等等。因此，为了使租界中受其"庇护"的华人受到公正的合乎人道主义的审判，他们必须派员参加审理活动。于是，会审公廨产生后，外国领事在这一中外混合并属于中国的司法机构中的权力不仅没有受到限制，反而越来越大。到 19 世纪末 20 世纪初期，外国领事已成为会审公廨的真正主宰。20 世纪初期发生的前述"苏报案"以及"黎黄氏案"即是明证。

1905 年 12 月初，四川官眷黎黄氏因携带数名奴婢途经上海，被上海公共租界巡捕房以"串拐罪"拘捕，交会审公廨审理，时称"黎黄氏案"。12 月 8 日上午，会审公廨开庭审理此案。谳员关䌹之、金绍成认为此案证据不足,当即与英国副领事德为门面商,将黎黄氏暂时押在公廨女监,再行复讯。但是德为门坚持即刻押往西牢监禁。关䌹之不从,命令公役将黎黄氏照章(会审公廨章程)收押。英国领事大怒,率外国捕头、巡捕大打出手,强夺人犯,击伤公役及观审之人,强行将此案人犯及男女证人押走,最终酿成"大闹会审公堂案"。关䌹之将案情详细呈报上级,并提出辞职。案发后各商店罢市,群众涌上街头,围攻巡捕房。巡捕竟开枪镇压,打死 11 人,打伤数十人。12 月 23日,公共租界会审公廨开始审讯大闹会审公堂案。最后,英方不得不撤换德为门。

外国人对中国司法制度的指责,确实切中要害。但由于参与甚至主宰会审公廨的外国领事并非法律专家,大多不精通法律,且负有明显的政治使命,因此并不能达到所谓"公正审判"的目的。尽管如此,会审公廨作为中国的司法机构,由于外国领事干预、主宰审判,还是受到了西方进步文明的司法制度的影响,诸如限制刑讯逼供、防止司法官员独断专横、判决适用西方刑罚,等等。这些也直接或间接地冲击着租界外的中国司法机构,动摇着整个封建司法制度的大厦。

3 好梦成"真"

20 世纪初期,中国近代司法独立之梦在"预备立宪"时总算在法律上确定下来。

1906年11月，清政府宣布"预备立宪"后首先进行中央官制改革，其措施之一即是采取西方国家司法与行政分立的原则，将原来掌管审判的刑部改称法部，专门负责司法行政；将原来掌管复核的审判监督机构大理寺，改称大理院，作为全国最高审判机关，负责解释法律并监督各级审判机关。

1907年3月进行地方官制改革。在京师及各省设立高等审判厅，在府（直隶州）设地方审判厅，在州县设初级审判厅；实行四级三审制，审理民、刑事案件。同时，在各级审判厅内相应设置了各级检察厅，为各级检察机关，负责刑事案件的公诉并监督判决的执行，充当民事案件的诉讼当事人或公益代表人，但不得干涉审判。具有两千年历史的封建司法制度第一次被突破。

清末法律改革家沈家本、伍廷芳在主持修律过程中非常重视司法体制的改革。沈家本仿效西方资产阶级的三权分立原则，主张司法独立，并从实施宪政的角度论证了司法独立的重要性。他指出"东西各国宪政之萌芽，俱本于司法之独立"，因此司法独立为"异日宪政之始基"。为了在法律上确认司法独立的体制，沈家本在1906年就任大理院正卿后，即向朝廷上《审判权限厘定办法折》，同时进呈《大理院审判编制法》，请求将中央及京师各级审判机构的组织、权限用法律形式固定下来。不久，沈家本又上奏折，请求编定全国性的审判组织法，指出东西方立宪各国均有审判法，而官制改革既然已确定法部专管司法，大理院专管审判，说明在中国审判权已独立于行政之外，因此必须编定审判组织法，保障全国各级审判机关能独立行使审判权，不受干扰。

1906 年 12 月，清政府颁行《大理院审判编制法》。1907 年 12 月，又颁布《各级审判厅试办章程》，并首先在东三省及直隶、江苏试行。

1910 年 2 月，清政府颁布仿照日本《裁判所构成法》而制定的《法院编制法》。这是中国历史上第一部法院组织法，共 16 章 164 条。该法规定：全国法院分为四级，独立审判民事、刑事案件，实行四级三审制；同时引入西方的公开审判、陪审、辩护等制度及有关诉讼制度，为中国的司法审判摆脱封建传统的羁绊提供了法律保障。

清末，虽然司法独立的审判体制已经在法律上确定下来，但这只是形式上的变化，实践中并未真正实施。1909 年，经宪政编查馆审议，《各级审判厅试办章程》仅获准在京师地区试行，而大部分地区实际上都未设置审判厅。按照《法院编制法》规定，虽然美其名曰"司法独立"，但是实际上一些案件的最后决定权仍属皇帝，如死刑案件，大理院审结后要具奏皇帝。显然，皇帝仍握有司法大权。尽管如此，司法独立的体制毕竟从法律上确定下来了。无论如何，这一变化在中国司法史上不能不说是一个重要的里程碑。

4　时代的强音

1895 年，孙中山因广州起义失败而被迫逃亡英国。

1896 年 10 月 1 日抵达伦敦。次日上午，孙中山在外出途中被清政府驻英公使馆绑架。后经英国朋友等多方营救，加之英国政府干涉，10 月 23 日，孙中山脱险。此即孙中山伦敦蒙难。

20 世纪 80 年代，在距孙中山伦敦蒙难将近百年之际，一位名叫中村义才的日本学者在英国图书馆有了轰动史学界的发现：1897 年 7 月，刚刚从清政府驻英公使馆脱险不久的孙中山，在英国的《东亚》杂志上发表了一篇题为《中国的司法改革》的论文。但是，近一个世纪来，中外学者几乎无人提到过这篇文献，甚至新近出版的《孙中山全集》亦未收录。于是，1983 年日本的《辛亥革命研究》杂志第三期重新影印发表了该文。它不仅是中国近代最早的法律论著之一，而且是近代中国用西方法学理论评价清朝封建法律，要求改革封建司法制度的第一文。

孙中山在文章的一开始就指出："在当今的中国，公共生活中没有一个方面比司法制度（如果它能称得上制度的话）更急需进行彻底的改革。"他接着举例论证封建司法制度的黑暗和执法手段与方法的残酷，并以"生不进衙门，死不进地狱"来形容中国民众对封建司法制度的恐惧与憎恶，进而指出封建司法制度的主要弊病是：司法不独立，因而地方行政、司法官吏徇私枉法，滥施酷刑，任意出入人罪，认为只有推翻封建专制统治，才能实行这种改革，将"欧洲化的司法制度引进中国"。这是戊戌变法前中国思想界对法律近代化所发出的时代强音。

　　孙中山的伟大，就在于他站在了时代的最前列，把封建司法制度的改革放在改造中国的首位，运用西方资产阶级的人权观念，揭露、批判封建司法制度的黑暗、腐朽，发出彻底改造封建司法制度的时代先声。这是清末任何一个封建改革家所做不到的。

　　辛亥革命后，孙中山开始致力于实现其司法改革的宏愿。他尤其强调司法独立，始终维护这一原则，不许行政机构、行政长官及军人干涉司法审判、侵犯司法权限。他继承并发展了西方的三权分立学说，创制了"五权分立"学说，主张在此基础上建立"五权宪法"的法制社会。

　　1912 年 3 月 11 日颁布的《中华民国临时约法》，以根本法的形式确认了司法独立原则及法院的地位（第六章"法院"，第四十八至五十二条），进而彻底否定了封建司法制度，为中国近代司法制度的完善提供了法律模式。

　　北洋政府的法院组织法基本上是在清末《法院编制法》的基础上修订而成的，有 1913 年 9 月的《修正各级审判厅试行章程》，1914 年 4 月 3 日的《地方审判厅刑事简易庭暂行规则》，1914 年 4 月 5 日的《县知事兼理司法事务暂行条例》，1917 年 6 月的《县司法公署组织章程》。这些章程、条例规定，设立初级审判厅、地方审判厅、高等审判厅、大理院，实行四级三审制，但又普遍设立"兼理司法法院"，由县知事兼领审判权。实际上恢复了封建社会基层行政官员兼理审判的制度，司法独立不过是滥施军事审判的点缀。

　　南京国民政府于 1932 年 10 月公布《法院组织法》，规定普通法院由地方法院、高等法院和最高法院组成，实行三级三审制。这种司法体制改变了中国几千年来落后的封建专制的司法审判原则、制度，在某些方面或多或少体现了一些西方资产阶级所标榜的公平、法制等精神。但由于国民党实行一党专政，以"司法党化"取代"司法独立"，和孙中山"司法独立"的初衷已有很大的距离。1938 年 5 月，还颁布了《县长及地方行政长官兼理军法暂行办法》，设立兼理军法司法法院，扩大军事审判的范围，恢复地方行政兼理司法的封建传统。1948 年又公布了《特种刑事法庭组织条例》、《特种刑事法庭审判条例》，设立特种刑事法庭，审理《戡乱时期危害国家紧急治罪条例》所规定的案件。"中统"、"军统"等特务组织还设置秘密法庭，不经任何法律程序，肆意逮捕、监禁、杀害共产党人和民主人士。

五 从讼师到律师

1 林铖与洋律师

大约 150 年前，大洋彼岸的美国发生了几起非同寻常的诉讼案件。

1847 年春，福州人林铖受聘前往美国教授中文，抵达纽约后，他发现港口停泊着一艘中国船被作为展览品，顿觉奇怪，便前去探个究竟。船上 26 位华人一见到黄皮肤、黑头发的林铖就向他哭诉：英国商人伪立合约，诈称去爪哇经商，期限 8 个月，限期满后去留听便。但是该船经爪哇却不入，直接驶往英国，众人方知上当。途中又遭遇逆风，不得已漂流到美国纽约港。在航行中，船上华人受尽鞭笞之苦，求死不能，犹如囚犯。到纽约后，英国商人竟然举办华人展览，以此牟取暴利。

随后，林铖为被诱的 26 个同胞聘请律师，准备在纽约法院起诉。不料英国商人竟然反诬华人作乱，谋杀船主，致使 7 名华人被捕。林铖闻讯，又到监中探望。几天后当地法庭开庭审理这一案件。林铖到场担任"被告"的翻译，说明英国商人诱骗华人的事实真相。在场旁听的美国人群情激愤，有位鲁姓律师挺身而出，据理力争，驳得英国商人哑口无言，最后法庭判决被押的7位华人无罪，当场释放。

在美国朋友的援救下，26位被诱的潮州人获得了自由，全部从船上搬到纽约"各国水手之会主"雷即声（译音）家中居住，并受到热情款待。这个时候，仗义执言的鲁姓律师又出面代众申冤，控告英国商人。于是，当地法庭又依据事实判决：查封英商船只并罚金，即日配船送受骗的华人归国，支付全部工资。8月26日，26名潮州人搭乘美国船启程，同年冬天安抵潮州。

英国商人败诉后对林鍼怀恨在心。此时林鍼正学习照相。于是便串通照相师，诬陷林鍼所买相机系盗窃之物，便告官拘讯林。雷即声之女得知后，恳求其父以300美金保释林鍼在外候审，并代聘律师出庭辩护，最后法庭查明真相，林鍼被判无罪。

在美国仅一年半的林鍼，初到美国即亲身经历了几起诉讼案件的审理，两起是为同胞讨得公平，一起是为自己洗清罪名。在异国他乡聘请洋律师"争讼"，对于一个久居"和为贵"之国，以打官司为耻，讲求"无讼"、"息讼"而厌讼的黄帝子孙来说，是非同寻常的。充满激情、新鲜感的林鍼，在1849年回到福建故里后，感慨万分，将这一段不寻常的经历、感触写入《西海纪游草》中。

这是目前所见史料中，有关中国人接触近代律师和辩论式法庭审理制度的最早记载。那些获救的潮州人，在感谢这位会说洋话的同胞之时，想必也会十分感激那位口若悬河的洋律师。尽管如此，但林铖等人恐怕只会以为这位鲁姓律师是一位好样的讼师，而不明了什么是和讼师完全不同的律师，因为中国从来就没有律师。

律师与讼师

西方的律师制度起源于地中海亚平宁半岛的古罗马。大约从公元前 3 世纪开始，随着商品经济的发展，古罗马的法律及裁判官告示不断增多，诉讼也日益频繁。当时规定，诉讼必须根据法定程序进行；诉讼采用辩论式，即当事人双方在诉讼中地位平等，在法庭上可以互相辩论，法官则根据辩论的结果作出裁决。因此，一些当事人尤其贵族，往往委托熟悉法律、善于辞令者协助诉讼。这些人最初只为当事人提供咨询，后来逐渐代理当事人向法庭表述意见，反驳对方当事人。这种专门协助诉讼的人被称为"辩护人"。这种法律现象早在公元前 5 世纪中期的《十二铜表法》中已初见端倪。公元前 1 世纪后期，辩护人制度正式形成。公元 5 世纪末期，罗马帝国政府对辩护人的资格有所要求，即必须在主要城市受过 5 年法律教育。他们逐渐形成一个行业，组成辩护人团体，分属于各地区法庭，履行辩护职责并收取报酬。这种辩护人制度即是西方近代律师制度的滥觞。

西方近代律师制度直到近代才真正形成。资产阶级启蒙思想家洛克、伏尔泰等人在反封建斗争中提出以辩论式诉讼代替中世纪的纠问式诉讼，主张被告有亲身辩护或请他人辩护的权利。资产阶级革命胜利后，各国相继在法律中规定了律师制度。如，英国 1679 年的《人身保护法》首次明文规定被告有权获得辩护；美国联邦宪法 1791 年修正案第六条规定：在一切刑事诉讼中，被告人均有权由律师协助其辩护；法国 1808 年《刑事诉讼法典》则系统规定了辩论原则及律师制度。从此，律师组成专业团体，垄断法庭辩护。

中国的情况则不同。大约在公元前 6 世纪末期，在古老的三晋地区，成文法的出现及诉讼的推广，促使人们研究法律及其运用，因而产生了一种貌似古罗马辩护人、专门替人打官司的职业——讼师。

中国古代最著名的讼师首推郑国的邓析。据说，他曾聚众讲学，传授法律知识及诉讼方法，帮人打官司，约定按照案件的大小收费：大案件收取一件外衣，小案件收取一件短裤。据说当时拿着外衣、裤子前来咨询、学习诉讼者不可胜数。邓析以擅长辩论著称，常常"操两可之说，设无穷之词"，"以非为是，以是为非。而可与不可日变。所欲胜，因胜；所欲罪，因罪"。这样的辩护充分显示了邓析的口才和天分，但是也一定使官方的审判人员大为尴尬和恼怒，据说还导致民众哗然，引起动乱，邓析因此招致杀身之祸。

今天看来，邓析只是中国古代讼师的鼻祖，并不能称之为律师。在中国封建社会，打官司首先要向官府递诉状。在当时的社会经济、文化条件下，一般人对打官司的门道可以说是一窍不通的，不得不请人帮忙，同时也有人愿意帮忙，这就是帮人代写诉状的"讼师"。于是讼师应运而生，专门替那些文化有限、不熟悉法律的诉讼者写状子，并出谋划策。讼师专在幕后操纵狱讼，这与西方的律师当庭辩护大不相同。因其笔利如刀，后世称之为"刀笔"讼师，贬称"讼棍"。"师"一旦变成"棍"，不单坑害百姓，而且给政府也带来麻烦，所以历代法律都严惩讼师等人的不法行为。如《唐律》规定，代写诉状者如果将罪情夸大而与事实不符，要打50大板；甚者，按诬告罪减一等论处。中国古代的讼师虽属"地下职业"，但其主要活动方式即代写诉状却有很大的发展，以至于在社会上出现了传授其要领的"专著"，如明代有《做状十段锦》，据称依照这十个要点写诉状即可保证胜诉。到了清代，讼师的活动更加隐秘、猖獗，社会上流传着多种朝廷明令查禁的所谓讼师秘本。作为一种非正当的职业，讼师的行为破坏了社会的正常秩序，因而为官府所痛恨，遭到世人轻贱。

　　中国古代的讼师与西方的律师貌似神异，大相径庭。其根本区别在于，律师的产生至少需要两个条件：权利意识和平等观念。而这两者都是商品经济发展到一定程度的产物。中国古代社会是自然经济、宗法制占主导地位，讲求"礼"，即宗法等级制，主张"重义轻利"。在这种土壤之中不可能产生"权利"、"平等"意识，所以也不可能孕育律师的萌芽。即便是商品经济相当发达的春秋战国时期乃至唐、宋、明、清诸朝，也仅仅出现了讼师。讼师在诉讼中没有独立的法律地位，不能出庭辩护。当然，在封建专制的纠问式诉讼之下，当事人本人也没有诉讼权利，更不可能请人辩护。而西方的律师是辩论式诉讼的产物，其主要职能是出庭辩护。无辩护制则无律师制。

3 租界中的洋律师

代表西方民主、文明的律师制度漂洋过海来到中国，是在 1840 年之后。

1843 年《中英五口通商章程》签订后，西方列强相继攫取了领事裁判权，在租界设立专门法院，于是各国律师随之而来。据载，1866 年，外籍律师就在上海"洋泾浜北首理事衙门"（即"会审公廨"）出庭办案。不过，最初这些洋律师只为租界中的洋人提供法律服务，承办的也都是洋人之间的诉讼案件。这些洋律师、洋法官在中国行使外国法律，严重侵犯了中国的主权，但同时也把完全不同于中国封建法律制度的西方资产阶级法律制度带到了中国。

1869 年 3 月 27 日，上海众船商刊登启事称：我帮船只进出各口每遭外国火轮、夹板船碰撞，殊多纠葛。为此特聘请英国律师哈华德总理此事。这是中国人最早聘请外国律师的例子。从此，租界中的中国商人开始借助洋律师处理一些纠纷。

1875 年 4 月 4 日，中国轮船招商局的"福星"轮满载粮米、木料等货物由上海驶往天津，途中被英国怡和洋行的"澳顺"轮撞沉，死 65 人，货物全部沉没。案发后，招商局及遇难者家属起诉怡和洋行，并聘请当时上海著名的英国律师担文代理诉讼，经过会审，中方当事人胜诉，招商局获 42000 两银赔偿，遇难者家属获 11000 两银抚恤赔偿。此案开了"会审公堂"审理华洋诉讼案件允许外籍律师代理中国当事人出庭参加诉讼之先例。

1873 年 3 月，英国太古洋行向中国海关申请并获准将趸船"嘎的斯"号停泊在镇江英租界对面。次年 3 月，太古洋行未经许可在"嘎的斯"号停泊之处"擅自造桥通岸，栽桩托架"，致使江岸多处坍塌。1876 年 4 月，理船厅为查明江岸坍塌原因，饬令太古洋行将"嘎的斯"号移泊。太古洋行拒绝执行，认为中国无权令其船舶移泊。总理衙门多次与英使威妥玛交涉处理此案，未有结果，于是将此案转往驻英公使郭嵩焘，要他与英国政府直接交涉。

1877 年 6 月 6 日，郭嵩焘照会英国外交部，要求饬令太古洋行遵令移泊，英国政府推托不理。为此，郭嵩焘走访了威妥玛。威妥玛谎称此案已由中国总税务司请律师剖断，律师意见与中国官方相左。郭嵩焘马上亲自拜访英国律师，咨询此类案件应如何处理，结果英国律师的意见与中国政府的看法一致。于是，郭嵩焘又以英国律师的意见与威妥玛辩论。威妥玛竟称"中国与西商交涉事宜惟能按照条约办理，不能援引西洋律法"。郭嵩焘十分气愤，接连向英国外交部照会，并延请英国著名营造司查阅西方有关船坞的条例，证明中国要求趸船移泊的理由充足。英国政府理屈词穷，只得于1878年2月7日复文，同意将该趸船移泊。

"嘎的斯"号一案从中国打到英国，长达两年之久才结案。中国政府首次利用洋律师及国际法准则与英国政府打官司，其胜诉的意义已远远超出了案件本身。在司法实践中，洋律师不得不被清政府默认、利用，这标志着西方法律文化对中国的影响日益深入。

1847年，广东新会人伍廷芳自费留学于英国林肯律师学院，毕业后取得大律师资格，返回香港担任大律师，成为跻身外国律师之列的第一位中国人，也是最早任律师的中国人。律师这一职业，已开始为普通中国人所接受。

4 轰动一时的"苏报案"与洋律师

1903年5月，设于上海公共租界内的《苏报》相继发表了邹容、章太炎宣传反清革命的一系列文章。清廷得到两江总督魏光焘的密奏后极为恐慌，谕令江苏巡抚恩寿严加查办。但《苏报》馆社设在租界内，清政府不能直接下手。于是，6月26日，上海道台袁树勋及江苏候补道俞明震受命与驻沪外国领事署交涉，要求签票协捕章太炎等人。领事团认为案犯属政治性质，拒绝协捕。经清政府多次要求，领事团终于同意签发拘票。6月30日，上海公共租界工部局逮捕了章太炎；次日，邹容闻讯投案。随即会审公廨谳员孙士麟和英国领事署翻译迪比南会同审理此案，章、邹等聘请洋律师博易出庭辩护。这就是震惊中外的"苏报案"。

7月4日，清政府命袁树勋与领事团交涉，要求迅速查封报馆，并将章、邹移送南京，交清政府审理。领事团不从。接着，湖广总督端方复电江苏巡抚恩寿与袁勋，要求迅即延请外籍著名律师，与被告辩护律师"抗辩"，力争"将该犯解宁（南京），归中国政府自行办理"。

7月6日，清廷所聘洋律师古柏偕翻译赴会审公廨，检呈近日所出《苏报》，认为仍登悖逆不道言论，要求立即封闭报馆。次日下午，工部局查封报馆，并没收报馆全部财产。

7月15日，经清政府与领事团讨价还价，上海公共租界会审公廨开始会审"苏报案"。参加会审的有孙士麟、汪懋琨，代表租界的英国副领事迪比南主审。"原告"清政府由江苏候补道余明震代表出庭，延请洋律师古柏为代理人；"被告"章、邹聘请洋律师博易出庭。开庭后，洋律师古柏首先代表清政府控告章、邹"大逆不道"、"谋为不轨"，要求领事将案犯移交中国地方官审判。章、邹则公开宣布不承认"野蛮政府"所控罪状。

7月21日，会审公廨第二次开庭审理。洋律师古柏依清政府旨意，借口此案另有交涉，要求改期会讯，意欲将此案移交清政府处理。"被告"律师当庭反驳。会审官只得宣布改期再审。

清政府本想借"苏报案"杀一儆百，以镇压革命党人，未想到会审公廨几次审讯均未能定案。焦急万分的清政府再次与领事团交涉，要求"引渡"章、邹，以便解往南京处以死刑。

然而，各列强之间为维护自己的在华利益，对此案意见不一。美国总领事同意"引渡"，法国、俄国也赞许；但英国为维护其在上海租界行使司法权力的独特地位，坚决反对"引渡"，以维持租界的"治外法权"。英国首相巴尔富甚至在下议院宣布了这一意见，并电令上海公共租界工部局照办。同年 9 月 2 日的《泰晤士报》还曾报道此事。最后，清政府与英美驻华公使商定，同意在租界设立"额外公堂"审讯"苏报案"，并由上海县知县汪懋琨主审。

12 月 3 日，清政府派汪懋琨、邓文堉与租界当局英副领事迪比南等组成"额外公堂"，首次开庭审理"苏报案"。4、5、7、16 日，"额外公堂"连续开庭，双方律师继续辩论。24 日，"额外公堂"宣判章、邹终身监禁，但领事团提出异议，双方相持不决。于是，工部局将章、邹因于租界巡捕房，拒绝移交监狱。

1904 年 5 月 21 日，上海县知县汪懋琨不得不会同会审公廨谳员黄煊、英副领事德为门再次会审。汪宣判：邹容监禁 2 年、章太炎监禁 3 年，罚做苦工；刑满释放，驱逐出境；刑期从 1903 年 6 月 30 日起算。章、邹随即押往租界提篮桥监狱服刑。至此，经过将近 1 年的审讯，轰动一时、曲折复杂的"苏报案"终于结案。

　　清政府在本国领土上以原告身份聘请外国律师控告其"臣民"，并由外国领事主掌审判权，实乃中国司法史上一大丑闻。但是，由此却反映了西方进步的资本主义法制与中国落后的封建法制的不同。"苏报案"实际上是中国早期资产阶级革命家以西方近代法制为武器反对封建专制，同清政府进行的一场斗争。判决结果与大清帝国的刑律相比，的确宽容得多。邹、章开始被判终身监禁却无法执行，后不得不改判监禁二、三年。后来孙中山谈到"苏报案"时指出：此案是清廷与人民聚讼的开始，看起来似乎是清廷胜诉了，章、邹被判了刑，但实际上胜诉的是人民，因为章、邹不过囚了二、三年，而广大人民却从此觉悟起来了，振奋起来了，最终推翻了清政府，结束了两千年的封建专制统治。

　　第二次鸦片战争后，大批的外籍律师随着"治外法权"来到租界。由于中国最初并无本国律师，因此，洋律师利用外国审判官昧于法律、中国审判官不懂外国法律，常常操纵法官，左右审判，尤其使得无力聘请外籍律师的中国被告处于不利地位。但是，从另一角度来看，洋律师进入中国，参与租界中国法庭的审判活动，冲击着中国封建司法审判制度，改变了只判不审或只审不辩的传统。这对于防止审判的偏颇，约束法官的独断专行，增加审判的公正性，保护当事人的合法权益，多少有些积极的意义。正因如此，清政府严禁洋律师进入内地。甚至在1904年8月5日，两江总督照会上海租界各国领事，要求禁止洋律师擅自进入内地，干涉地方讼事。毋庸置疑，外籍律师的到来，对近代中国律师登上历史舞台起过一定的推动作用，成为近代中国律师制度形成的前奏曲。

𝟝 律师制度的形成

律师制度在中国首次写入法律是在清末修订法律时期。

1906 年初，修律大臣沈家本、伍廷芳向清廷上《进呈诉讼律拟请先行试办折》，首倡在诉讼法中引入律师制。该折考察了日本及西欧各国律师的职能，认为中国近来通商各埠，已准许外国律师办案，政府有时也请洋律师做法律顾问，尤其是纯粹的华人诉讼案件也由洋律师辩护，这种情形对中国当事人非常不利，"且领事治外之权因之更形滋蔓，后患何堪设想"，进而提出各省法律学堂宜侧重培养律师，经考试合格，发给文凭，然后分拨各省，以备办案之用。同时将律师制引入作为收回领事裁判权的重要条件。显然，沈家本、伍廷芳等的这种思想正是在西方律师制度理论和租界外籍律师活动的双重影响下产生的。

与该折同时上呈的《大清刑事民事诉讼法》草案第四章"刑事民事通用规则"中，专设"律师"一节，共 9 条，分别规定了律师资格、注册登记、职责、违纪处分及外国律师在通商口岸的公堂办案等。这是律师制首次写入中国法律。但由于各省督抚，特别是湖广总督张之洞的强烈反对，最终未能颁行。这是律师制度在中国的最初萌动。

1910 年，两广总督袁树勋奏请开设律师研究班；同年，清政府颁布《法院编制法》，首次从法律上确认了律师活动的合法性，律师制度从此正式根植于中国。尽管这时清政府已摇摇欲坠，来不及实施律师制度，但是却为民国初年律师制度的创立奠定了基础。

辛亥革命后，孙中山非常支持建立一套完备的律师制度。1912 年 3 月，南京临时政府内务部警务局长孙润宇草成《律师法草案》，提出用专门法律巩固律师的地位。孙中山认为，"律师制度与司法独立相辅为用，凤为文明各国所通行"，遂将该草案交法制局审核呈复，以便送参议院议决。遗憾的是该草案未及议决，南京临时政府已经解散。

1912 年 9 月，北洋政府颁布《律师暂行章程》，这是中国历史上第一部律师法，标志着中国律师制度的形成。《章程》共 8 章 38 条，规定了律师资格、律师证书、律师公会、惩戒等，但是女子无任律师的资格。据统计，1913 年至 1926 年，《章程》历经 7 次修改。由此可见这一时期律师制度发展速度之快。

1927 年、1941 年，南京国民政府又先后颁布《律师章程》、《律师法》，规定允许女子担任律师。从此，中国的律师制度走上了规范化的道路。

6 民国时期的大律师

1911 年底，在辛亥革命的发祥地武汉及江浙一带，一些留学日本学习法律、归国后又在外籍律师事务所做助手的中国留学生，成为近代中国第一代中国律师。这些既精通外语，又精通法律的中国律师自发组织起来，参与诉讼，出庭辩护，改变了外籍律师在中国一统天下的局面。

1911年一个深秋之夜，湖北宜昌地区发生了一起凶杀案。长江轮船公司一水手被杀、财产被劫，凶手乘夜色逃跑。案发后，警探机关根据目击者提供的线索，抓获了"凶手"唐继友。身为湖北军政府荆宜军政分府主任的唐继友做梦也没想到祸从天降，竭力否认自己是杀人凶手。但是由于有证人证言，唐还是被送上军事法庭。为此，唐聘请了一位名叫陈英的律师为自己辩护。陈律师受聘后即开始调查，询问了唐在案发前后的情况，并赴沙市等地外调。开庭之日陈律师胸有成竹地走上法庭。当法官依据有关证人证言认定唐继友犯杀人罪时，陈律师慷慨陈词为唐辩护，并向法庭出示证明唐案发时正在距宜昌200里之外的沙市出差的有关证据。于是法庭不得不宣布休庭。警探机关又受命重新侦破此案。最后，终于抓获了真正的杀手。原来，凶手长相颇似唐继友，因此唐被误认为凶手。案情真想大白，唐被无罪释放，陈英律师也因此案名声大振，成为民国初年武汉地区的著名律师。此案也被视为近代中国有记载的经过政府允许的由中国律师辩护的"第一案"。

与此同时，苏、杭两地的留学生分别组织了律师总会，并制定了总会章程。这是中国历史上最早的律师组织。

1912 年 1 月，上海留日法科毕业生又组织了中华民国律师总公会，经上海都督批准，其律师可以注册领取凭证，然后在各地开业办案。此后，各地纷纷仿效，建立律师组织。为此，南京临时政府司法部专门设立诠叙科，负责管理全国各地的律师。经考试合格的法政学校毕业生，由司法总长发给律师证书，即可挂牌开业。

1929 年 5 月，在上海律师公会的倡议下，中国第一个全国性律师组织"中华民国律师协会"在南京成立。1948 年 9 月 9 日，由江一平、戴修瓒等律师负责筹建的"中华民国律师公会全国联合会"（简称"全国律师公会"）在南京召开第一届代表大会，通过了该会章程，选举了理事、监事会。经南京政府内政部核准，9 月 9 日被定为"中华民国律师节"。

这一时期，城市律师的数量也大幅度增加。据统计，1912 年底，全国经考试合格由司法部颁发律师证书者有 297 人；1913 年剧增到 2796 人。到 20 世纪 30 年代末期，全国律师总人数已超过 3000 人。

当时，各地出现了一批著名律师。如武汉地区的施洋律师，1917 年毕业于湖北私立法政学校，取得律师证书后，遂于 1918 年在武汉地区执业，并被推举为武昌律师公会副会长。1922 年被聘为湖北全省工团联合会、京汉铁路总工会及京汉铁路江岸段等工人俱乐部的法律顾问。1923 年 2 月 7 日被捕，15 日被武昌军法以"妨害秩序罪"处以死刑。此外还有 20 世纪 30

年代活跃于平津地区的北平第一位女律师、清代著名学者纪晓岚嫡系七世孙纪清漪。又如"七君子"中的上海名律师史良、沙千里、沈钧儒，等等。

20世纪30～40年代轰动一时的大案，也都有名律师参加辩护，并起到了相当的作用。

1931年8月，末代皇帝溥仪的妃子文绣要和皇帝打官司离婚。原来，文绣因不堪忍受虐待，突然出走，秘密住在一位法国律师家中，并聘请律师张绍曾、张士骏、李洪岳出面与溥仪交涉离婚之事。作为堂堂的"皇上"，溥仪不愿与妃子对簿公堂，于是派法律顾问林廷琛、林棨律师出面与文绣的律师对话，以求和解。随即，双方律师谈判。溥仪的律师提出：可不坚持"不许离异"的意见，但考虑到溥仪的身份，要求对方不起诉，不登报申明；文绣的律师提出要求支付50万元赡养费，否则起诉。双方争执不下。消息传出后，津城报纸纷纷发表评论，有的声援文绣，认为"真是数千年来皇帝老爷宫中破天荒第一遭的妃子起来革命"。有的则表示反对文绣以"民国宪法"第六条"民国国民在法律上一律平等"为据而委托律师离婚，认为文绣不具有"民国国民"资格。不久，为表示离婚的决心，文绣又向天津地方法院民事调解处起诉，要求法院依法调解。这就迫使不愿上法庭的溥仪不得不作出让步。最后，经双方律师的谈判，终于签订了离婚协议。

皇妃与末代皇帝竟然聘请律师处理离婚纠纷，表明刚刚建立起来的律师制度对当时社会影响之深。律师已被中国社会所接受。

1932 年，上海公共租界巡捕房拘捕了陈独秀，并引渡给南京政府。1933 年 4 月，江苏高等法院在南京江宁地方法院第二刑事审判庭公开审理陈独秀案。著名律师章士钊、蒋豪士等为陈义务辩护。章士钊律师的辩护词轰动了全国，天津《益世报》冲破层层封锁，刊登了辩护词全文。后来，上海沪江大学、苏州东吴大学甚至将章的辩护词选入法律系的教材。最后，经过律师及多方努力，陈独秀被判处有期徒刑 8 年，比一审判决大为减轻。

1933 年 3 月，红军将领陈赓及中华海员工会党团书记廖承志等在上海租界被捕。中国民权保障同盟聘请吴凯声律师出庭辩护。吴凯声在法庭上驳斥了南京政府强加的罪名，要求无条件释放陈、廖等人。经多方营救，陈、廖等终获释放。

1936 年 11 月 23 日，沈钧儒、邹韬奋、史良、沙千里、章乃器、王造时及李公朴因响应中国共产党建立抗日民族统一战线的号召，积极宣传、组织抗日救亡运动而被捕。这就是轰动一时的"七君子"案。1937 年 4 月 3 日，南京政府在苏州高等法院以《危害民国紧急治罪法》第六条罗列了十大"罪状"，提起公诉。上海 21 名律师专门组成辩护团为"七君子"辩护。1937 年 6 月 11 日，法院开庭，经 3 小时审讯，决定次日续审。但是，辩护律师以审判官不重视和拒不采用有利于"被告"的证据为由，指控审判官与检察官串通一气，依法要求法官回避，审判因此中断。最后，在宋庆龄、何香凝等各界人士的营救下，7月31日，"七君子"被"具保释放"。

为"七君子"辩护的21名律师是：张耀曾、秦联奎、李肇甫、张志让、陆鸿仪、吴曾善、江庸、李国珍、刘世芳、江有年、鄂森、陆志皋、刘崇佑、陈霆锐、孙祖基、江一平、徐佐良、江葆楫、俞钟骆、俞承修、刘祖望。其中，有的是当时享有盛誉的著名律师，有的还曾担任过南京政府的司法部长（如江庸、张耀曾），有的是法学教授（如江一平、张耀曾、张志让）。"七君子"案聘请这么多知名律师义务辩护，在中国法律史上是空前的。

尽管当时的律师制度有了相当的发展，但是与西方资本主义国家相比，仍有很大的差距和区别。仅仅以数量而言，20世纪30~40年代，中国的律师只有三四千人，而且大多集中在少数大城市。在广大的农村，包揽诉讼的仍是"讼棍"。而律师制度最为发达的美国，1930年就有律师16万人。再从另一方面来看，中华民国时期的政府首脑、国家元首以及政府官员几乎都是军人出身；而美国总统从华盛顿以来，出身律师者多达25人；美国60%以上的国会议员、州长曾经当过律师，而辛亥革命后建立的第一届国会的议员则以中小学教师居多，律师不过2%~3%。

六 从"画地为牢"到
"模范监狱"

租界中的洋监狱

1860 年，英国人巴夏礼随英军进犯天津、北京，在通州（今属北京）张家湾被清兵俘获。巴夏礼等十余名英军被押送到北京，分别囚禁于刑部监狱南所和北所。清朝监狱关押外国人，此大概尚属首例。因此，刑部尚书赵光偕下属前往查看。刑部监狱的伙食很差，米粗糙且有沙石。每人一餐两杓，一日两餐。巴夏礼等入狱的第二天，就绝食抗议。赵光怕事情闹大，急命下属为巴夏礼等开小灶，以鱼肉鸡羊等款待。第三天巴夏礼等便"饮食如常"了。

监狱在中国由来已久。中国历史上流传着许多关于监狱的传说，其中最古老、最有名的当属"画地为牢"说。相传上古时代曾有圣人在地上划了一个圆圈，然后让犯罪者站在圈中以示惩戒。这个"圆圈"就成为中国古代最早的监狱。

现存完整的明朝山西洪洞县监狱（1973 年曾被毁，

现又修复）是典型的中国古代监狱。该监设在县衙内
审讯大堂口的右角，以便于随时提审犯人。监门内有
一照壁，壁后只有唯一的一条通道，连拐四个直角，
其中有五道门；接着是一条宽一米左右的"胡同"，两
边是两排低矮的监房，关押一般犯人；"胡同"的尽南
头往东拐直角弯是内监，监门上绘有狴犴（bian，传
说中的兽名，龙之七子，形状似虎，威力无比，古代
作为牢狱恶地的标记）头像，专门监禁死刑重犯。内
监呈现四合院形，东西南三面是普通监房，北面是两
幢无窗窑洞式监房，专门羁押死刑待解的女犯。据说
名妓苏三曾关押在此。

中国古代的监狱对犯人实行威吓主义、惩治主义
和报复主义。其结果是，随着封建君主专制制度的发
展，监狱制度日益黑暗，尤其是封建社会后期。

清康熙五十年（1711），安徽桐城人戴名世因著
《南山集》被控"大逆"，康熙朝最大的文字狱《南山
集》案发。戴被立即处以凌迟，受牵连者达数百人。
礼部侍郎、安徽桐城人方苞也被株连入刑部监狱。方
在狱中看到，牢房潮湿、狭窄，犯人杂处，人满为患，
甚至没有窗户，空气污浊，每到傍晚锁门，大小便尽
在牢中，疾病传染很快，以致每天早上总有三四个犯
人病死，狱卒随意公开刑讯，并借执行死刑之机索贿。
"太平盛世"的中央监狱尚且如此，更何况其他各朝或
地方监狱。

西方古代监狱与中国古代的并无二致。但是到了
18 世纪，西方的监狱开始走向近代化。在标榜自由、

平等、博爱的口号声中，改革监狱制度以保障人权的呼声在西方各国日益强烈。于是，欧洲各国掀起了一股改革监狱制度的浪潮。英国的约翰·霍华德首先提出了改革监狱的设想。接着，功利主义思想家边沁又规划出辐射式监狱的模式。19世纪，比利时子爵威廉十九世则提出新狱说，主张监狱的宗旨是感化犯人。在这些学说、思想的影响下，西方各国相继出现了一些改良监狱。这些改良监狱的建筑模式，到囚犯的待遇、监督管理都与过去不同。

西方的狱制改革浪潮，在西方列强坚船利炮的推动下，也冲及到了"画地为牢"的中国。1843年之后，西方列强相继在中国攫取了领事裁判权，其借口之一就是中国的监狱"不良"。于是，在中国的领土上出现了洋监狱。

1844年，英国在香港设置"域多利监狱"。这是列强在中国领土上所建的最早的监狱。

1856年，英国又在上海设立了英领事署监狱。这是上海租界第一所洋监狱，专门用来监禁刑期较短的英国犯人。

1870年，英国又在今上海厦门路建了一所较大的监狱，称为上海英国监狱，俗称"英界西人西牢"，专门收禁外国人。该监狱占地13006平方米，监房呈"士"字形，共有72间监房，采取分房监制，每房囚禁1人，并附设有浴室、病房等设备。

1901年，英国在上海公共租界华德路建造一所新监狱，即著名的提篮桥西牢。该监占地约10余亩，监房达 510 间，专门收禁犯有重罪的中国人及"无约国"侨民。起初实行分房制，后来因犯人渐多，改为杂居制，一般每室 3 人。牢内有工场，犯人分别从事竹、铁、皮革等各种作业，有时也加戴脚镣在监外劳作。犯人违反监规，轻者减食，重者鞭打。虐待犯人致死之事也时有发生。清末革命志士邹容因"苏报案"被判监禁于此，饱受折磨，最后病死在牢中。

除英国外，法、美、俄、日本等国也先后在上海、厦门、哈尔滨等地设置各自的监狱。

与此同时，列强还颁布了租界监狱法规。如《上海英国监狱章程》、《上海工部局监狱章程》，规定对犯人给以必要的人道主义待遇，每天应有一定的健身时间，每周洗一次澡，医生定期巡诊，等等。

西方的改良监狱与中国古代《周礼》所记载的"圜土之制"，虽然都强调劳动改造，但是两者却有根本区别。"圜土之制"是中国古代的一种理想，让犯人白天劳作，夜晚思过，以达"教化"的目的。这实际上是儒家以教育感化犯人为主的思想的体现，其根本是"仁"。而西方的改良监狱要求犯人参加一定的劳动，以良好的环境条件感化犯人。这出于资产阶级自由、平等、博爱的人道主义立场，体现着人权原则。当然，从实际情况来看，传入中国的洋监狱与资产阶级的监狱理论有一定的距离，尤其在对待中国犯人上。尽管如此，这并不妨碍它将西方监狱进步、文明的气息带入封建专制的大清帝国。这股清新的空气开始净化着"画地为牢"的污浊。

走出去，请进来

正当英法列强纷纷在中国的租界建造改良监狱之时，极少数跨出国门的中国人有机会实地考察了西方的监狱。

1877 年 1 月，近代中国第一位驻外使节郭嵩焘抵达英国伦敦。时隔不久，他参观了当地的监狱，对西方监狱监督犯人做工一事颇为赞赏。就在这一年，成立于 1873 年的整理万国刑罚监牢公会在比利时首都布鲁塞尔召开第五次大会。大会邀请中国代表参加 1878 年在瑞典举行的第六次大会。瑞典驻英公使立即将这一邀请转告郭嵩焘。于是，郭嵩焘奏请朝廷，希望中国派员赴会，为将来借鉴西方法律改革中国的司法制度作准备。受命议奏的总理衙门本着多一事不如少一事的宗旨，以瑞典并无公使驻中国为由，否决了郭嵩焘的建议。郭嵩焘无可奈何，只好以驻英公使的名义与会，却受到大会的欢迎，并被推举为名誉副会长，成为近代中国参加国际性法律大会、进入世界法学界的第一人。

1890 年 1 月，另一位学人薛福成离沪出洋，任出使英、法、意、比四国大臣。薛在欧洲任职四年半，留下了 50 多万字的日记。他在光绪十七年（1891）十一月二十七日的日记中详细记载了亲眼所见的法国监狱情形：

"……（狱囚）作工，皆有常程……工作之资，悉归本犯，不充公款，俾自购食物，甚有积资者……每犯日皆三餐，有面包；每七日与肉食二次，每次牛肉约一斤有半……地下窟室炽炭，以送暖而御寒。虽届冬令，而巷中甚温，此狱每冬炭费三万佛郎。有药室、有病房，以待病者。有书库，以待各犯之愿观书者；凡各学诸艺，以及游历、教门之书，无不有之，亦使之散闷，且警觉改悔也。"

这种见闻虽然都是个人兴趣所至而记载下的，但以保障人权为宗旨的西方监狱文化正在冲撞着中国"画地为牢"的传统监狱文化是不容否认的事实。

这股强大的冲击波震撼了大清帝国的士大夫们。于是，19 世纪晚期的中国大地，响起了改革狱政的呼声。以康有为、严复为代表的资产阶级改革派把改革监狱制度作为实行宪政、变法图强的一项内容提了出来，认为西方治狱不用刑讯，是法制、教化的表现，而中国用刑讯治狱惨无人道，非改变不可。洋务派代表人物张之洞、刘坤一在《江楚会奏变法第二折》中提出了改革刑狱制度的 9 条方案，其第五条即"修监羁"，主张制定监狱法规，改变监狱"狭隘污秽，凌虐多端，暴疫传染，多致瘐毙"的状况；其第六条即"教工艺"，要求在监狱中专设工艺房，教囚徒学习工艺，使其监禁期间可自给衣履，释放后可谋自立；其第九条即"派专官"，建议各府设通判，专门主管监狱，定期检查、上报，加强对所属州县监狱的监督和管理。

在这种思潮的影响下，清政府开始着手对旧狱制进行修修补补、不触动根本的局部改革。

1902年，山西巡抚赵尔巽奏请各省通设罪犯习艺所。1903年，清政府设顺天府习艺所、保定习艺所、天津习艺所及奉天习艺所等。

1906年，刑部大臣董康、麦秩严、王守恂及熙桢一行四人，受修订法律馆之命东渡日本实地考察其监狱改良状况。董康等先后拜访了日本著名监狱学家小河滋次郎等，并就监狱问题进行了专项调查。回国后，董康向朝廷提交了《调查日本裁判监狱报告书》、《监狱访问录》等考察报告。从此，清政府开始着手改革监狱制度。中国监狱近代化的帷幕徐徐拉开。

1908年，清政府特聘请日本著名监狱学家小河滋次郎为狱务顾问，负责监狱法规的起草，并兼任京师法律学堂监狱学课程主讲。

1910年，清政府派京师高等检察厅检察长徐谦及法部参议上行走兼奉天高等审判厅厅长许世英，参加了在美国召开的第八次万国监狱改良会。这是中国首次正式派代表参加国际监狱会议，也是清朝有资格出席监狱问题国际会议的唯一一次活动。徐谦、许世英在会上深深感到：在西方各国涤荡封建狱制旧弊，力求监狱日臻"先进"的风气中，大清帝国仍固守封建落后的狱制，确实相形见绌。回国后，徐、许二人将感想、体会写成报告，上奏朝廷。在报告中，以"海牙和平会"上中国因法律不同而被降为三等国为警告，认为如果中国不顺应历史趋势改革狱制，则中国将不能自立于世界之林，更难以图存。

从 1877 年郭嵩焘不自觉地接触西方监狱，到 1906 年董康一行受命专赴日本考察监狱，到 1908 年清政府主动聘请日本法学家协助改革监狱；从 1877 年郭嵩焘奏请派代表参加整理万国刑罚监牢第六次会议遭否决，到 1910 年清政府主动派出正式代表到美国，出席第八次万国监狱改良会，虽然仅仅 30 年，但清政府对待西方监狱文化的态度却发生较大转变。这种转变，一方面是由于 19 世纪末期改革家的推动，另一方面也反映了清政府不得不进行改革、不得不面对世界发展现实的心态。这是历史的必然。从整个近代化历程来看，这种转变具有进步意义。

走出去，请进来，这一步迈了 30 多年，也反映了"画地为牢"的传统监狱走向近代化、文明化之步履维艰，不过，最终还是朝着世界监狱文明发展的方向迈出了一步。

3 沈家本的狱制思想

中国近代监狱改革的设计者首推清末修律大臣沈家本。沈氏力主改革狱制，他系统地考察了中国古代监狱发展史，写成《狱考》一书。同时他还以董康等人的考察报告为依据，对比研究了欧洲及日本的监狱，把中国古代儒家传统的教化思想与西方资产阶级人道主义相融合，认为监狱就是使罪犯"幽闭思愆，改恶为善"的场所，其宗旨是"感化人而非苦人辱人"，主张中国监狱近代化的道路是取法西方。

　　1907 年，沈家本奏《实行改良监狱宜注意四事折》，提出从四个方面改革狱制。①建新式监狱。采用外国监狱的最新样式，改建中国旧监狱，使中国监狱进入世界先进监狱的行列。限于财力，可先在省会和通商口岸试建模范监狱，条件具备后再全面推广。②培养监狱官吏。在各省新建的监狱或法律学堂中附设监狱学堂，狱官任职前必须入监狱学堂学习有关法律及监狱规则，考试合格后方准任职、升迁。③制定监狱法规。由法部博采各国监狱的最新规则，编定监狱法规，颁行全国，依法治狱。④编辑监狱统计。由法部编定统计格式，各省监狱分年统计犯罪原因及罪犯国籍、住址、身份、职业、教育程度，监狱面积、监狱官吏的文化程度，以及犯人的惩罚、作业、疾病等资料。由法部汇总，上报朝廷。沈家本最后指出，在西方立宪各国，监狱与司法、立法三者鼎立。既有完备的法典和明允的法官，还必须有适当的监狱来执行刑罚。这是监狱重要之所在。因此，西方各国"莫不从事于改良监狱，并设立万国监狱协会，分年于各都府开会，派遣委员各将其国改良监狱事件，提出互相讨论，几视为国际之竞争事业"。

　　沈家本在《与戴尚书论监狱书》中，专就法部监狱改造问题与法部尚书戴鸿慈进行了讨论。沈主张首先改造法部监狱，这是因为慈禧太后曾多次下诏，要求法部改良其监狱；更为重要的是，法部设有典狱司，负责全国的监狱改造，当时直隶省已设立罪犯习艺所，而总管天下监狱的法部应为"天下之模范"，不能因陋就简，将旧监狱的招牌一换了事，应仿照西方国家扇形或十字形的构造模式，筹集资金，建一个至少能容纳 500 名罪犯的监狱，若财力不足，亦应进行局部过渡性的改建。

在当时的历史条件下，沈家本能提出这样的狱制改革思想确实难能可贵。其理想即建造最新最好的监狱以教育感化罪犯，显然是建立在反对封建监狱的腐朽、黑暗的基础之上，体现了西方资产阶级人道主义精神。在清末的监狱改革中，沈氏的主张基本上被付诸实践。

4 清末民初的监狱立法及监狱改革

1908 年，中国近代史上第一部监狱法草案《大清监狱律草案》由"日本监狱家之巨擘"小河滋次郎草成。该法基本上照搬《日本监狱法》，共 14 章 140 条。分为总则、分则两部分。总则规定了监狱的种类及监督权等一般事项，分则对收监、拘禁、戒护、作业、教诲及教育、给养、卫生及医疗、出生及死亡、接见及书信、赏罚、领置、特赦减刑及暂释和释放等作了规定。1910 年，经修订法律馆审查后上奏，但并未颁布实行。

不过，清政府在监狱改革实践中毕竟迈出了一小步。

还在 1907 年，湖北省在江夏县（今武昌）署东面建一新监狱。这是中国近代最早的模范监狱。该监狱仿日本东京及巢鸭两处监狱而设计，其构造呈扇面形，分三区四监：前区为"女监"、"病监"；中区为"严禁监"；后区为"内监"。还有瞭望楼、守军楼、教诲楼、工场、接见室等。次年，清政府又创办了奉天模范监狱。

1910 年，在北京右安门内镶黄旗操场兴建由小河滋次郎设计的呈扇面形的京师模范监狱。根据规划设计，该监狱分为三区：前区包括大门、看守教诲所、病监、幼年监、运动场等；中区包括中央事务室、典狱室、戒具室、书籍室、接见室等；后区为监房，附设医诊室、药术室、浴室等。但未及竣工交付使用，清朝即灭亡。

1913 年 12 月，北洋政府司法部在清末《大清监狱律草案》的基础上，颁布了《中华民国监狱规则》。这是中国近代正式颁行的第一部监狱法，共 15 章 103 条。体例、内容基本上沿袭《大清监狱律草案》。

北洋政府还陆续制定颁布了有关狱制的法规。大体可分为两类，一类是关于监狱管理制度的，如《监犯保释暂行条例》（1920 年）、《假释管理规则》（1923 年）等；一类是关于监狱官吏的选拔、任用、考核、奖惩等制度的，如《监狱看守教练规则》（1912 年）、《监狱教诲教师医士药剂士处务规则》（1913 年）、《监狱官考试暂行章程》（1919 年）、《监所职员官俸法》（1919 年）等。这些都被后来的南京国民政府所承袭。

同时，北洋政府采取一系列改革监狱的措施。

1912 年 8 月，曾代表清政府出席在美国召开的第八次万国监狱改良会的原奉天高等审判厅厅长许世英，就任北洋政府司法总长后，立即通电全国，要求派员调查各县监狱状况，并于当年提出司法计划书，对筹设新式监狱作出全面的五年规划，提出："本年则先开办北京监狱，树全国之先声。二年以后，筹办各省已决监六十余所……四年以后，则筹办各县之未建设者。然一县一监，势难办到，拟选各县交通适中之地，合数县设监狱一所，较易集事。计全国一千七百余县，以六七县共设一监狱核算，当有四百二十余所"。

1912 年，北洋政府接收尚未竣工的京师模范监狱继续修建，并改称北京监狱（后来又改称京师第一监狱，南京国民政府时期则称河北第一监狱）。

1913 年，继续改建原顺天府习艺所，并更名宛平监狱（1914 年又改称京师第二监狱，1920 年改建工程全部完成）。

1913 年，司法部又颁布《拟定监狱图式通令》，为改革旧监狱、博采各国狱制制成图样，并附监狱图目录及图式说明书、做法说明书各一件。

虽然许世英提出了全国改革监狱的五年计划书，也作了一些努力，但在北洋军阀连年战乱的政局下，却根本无法实施。据统计，1912 年有监狱 1700 余所，大多设于省会及县治，除清末所建京师模范监狱及奉天、湖北等省所建模范监狱外，绝大多数仍是旧式监狱。不久，在北京、河北、辽宁、吉林、山东、江苏、安徽、江西、浙江、湖北等地清末模范监狱和罪犯习艺所的基础上，改建了 13 所新式监狱。这些新式监狱中分别设有男监、女监、病监；监房分为分房制及杂居制，一般可容纳 600 人，较大者可容纳 1000 余人；监房平面图多呈扇面形、放射形、十字形；狱内还设有理发室、浴室、工场、教诲室、运动场等，还建有事务楼、中央看守所。到 1926 年，全国共有新式监狱 63 所。

南京国民政府全面承袭了北洋政府的监狱法令。1928 年 10 月颁布了管理监狱的基本法规《中华民国监狱规则》，共 14 章 109 条，从体系到内容都与 1913 年北洋政府的《监狱规则》基本相同。还陆续颁布了大量的单行法规，如 1928 年《监狱处务规则》，1932 年的《监狱作业规则》，等等。此外，1929 年以后还颁布了一系列法西斯化的监狱法律、法规。如《反省院条例》、《特别感化院组织条例》等。1946 年大量抄袭欧美各国的监狱法律，颁布了《监狱行刑法》、《羁押法》、《看守所条例》、《监狱条例》等。

南京国民政府时期，新式监狱有所增加。1937 年，有不到 100 所新式监狱；1947 年，有 120 所。各县监狱基本上沿用清朝旧监。除普通监狱外，还按照军人监狱法规的规定，从中央到地方设置了军人监狱。大批共产党人和革命者被判刑后关进军人监狱。为了镇压革命，设置了"反省院"等法西斯监狱；特务机构还设置了法西斯集中营，如重庆"中美合作所"集中营、上饶集中营、息烽集中营，专门囚禁共产党人和革命志士。

七　法学研究与法学教育的形成、发展

1　西方法学的东渐

如前所述，西方法学最早传入中国的是国际法学。但在 1895 年之前，西方法学是被动地传入中国，主要途径是翻译法学书籍。而译者主要是英美传教士。中国人所了解的西方法学仅限于国际法和军事法。这是"中体西用"的思想认识所致，国际法、军事法被看做是西方强大的根源。由于受清朝经世致用律学思想的影响，当时国人对西方社会科学尤其是法学的认识、了解还很肤浅。

中国主动、全面引入西方法学是在戊戌变法前后。

1896 年，梁启超在上海《时务报》发表了《变法通议》一文，大声疾呼"以译书为变法第一要义"。他总结了洋务运动失败的教训，提出仿效西方政治法律制度的捷径就是翻译西方宪法、民商法、刑法等著作。

为了宣传变法，维新派创办了报纸杂志，如《时务报》、《知新报》、《湘学报》、《国闻报》等，刊载了许多介绍或评译西方法律、法学的译文和文章。在他们的努力倡导下，出现了大同译书院、上海南洋公学译书院、杭州合众译书局等翻译出版机构，翻译刊行了大批西方法学著作，以致 1895 年后，在中国出版的西学著作中，法律、法学书籍的总量位居前茅。据统计，1896 年出版西方法学著作 13 本，1904 年 64 本，1905 年 73 本，甚至出现了一种书多种译本的现象，如《罗马法》有三种译本，《法国民法典》有两种译本。

1902 年，清政府被迫变法修律，设立修订法律馆，延揽归国留学生翻译各国法律及法学著作。在沈家本的主持下，1902～1910 年，先后翻译并出版了德、法、俄、意、日、比、美、瑞士、芬兰、荷兰等国法律和法学著作，共计 36 种，涉及宪法、刑法、民法、行政法、刑事诉讼法、民事诉讼法、法院组织法、监狱法、法医学、出版法、税法、矿业法、公司法、新闻法、海军刑法、陆军刑法、国际公法、国际私法、婚姻法等共 20 余种，几乎囊括了西方近代各部门法学，涉及的国家有 20 余个，其中日本的占多数。刑事方面的较多。

从仅仅引进国际法，到全面引入西方法律、法学体系，反映了传统法制的转型。这一历程与同时期轰轰烈烈的民主、宪政运动相伴随。近代中国资产阶级通过译书这一途径传播西方法学，并以西方资产阶级的法律思想、法学理论为武器，反对传统的封建思想、律学，进而反对封建专制制度和法律制度。清末修订法律在法理学、法律体系、法律形式和法律适用原则以及条文、术语等方面，均受到了翻译法律、法学书籍的影响，其结果是中华法系走向解体。

从《唐明律合编》到《法学盛衰说》

19 世纪晚期，律学家薛允升编撰了《唐明律合编》。这是清末最有影响的律学著作。从历史上看，早在元朝就有学者进行比较律学的研究，如郑汝翼撰有《永徽法经》，把金律与唐律加以比较研究。但后来从事此类研究的甚少。薛允升的《唐明律合编》，即仿《永徽法经》，逐条比较唐律与明律的同异并评论其得失。

薛允升是咸丰六年（1856）进士，曾任山西按察使等职，先后在刑部任职 40 余年，官至刑部尚书，时称薛大司寇。精通律学的薛允升尤其推崇唐律，认为唐律详慎周密，整齐划一，轻重得当、简括适中。其褒唐律而贬明律的本意是借机批评清律。长期的司法实践，使薛氏更加重视对现实的研究。在大兴文字狱的清朝，敢于将批判的矛头指向清律，确实需要相当的勇气。有学者评价此书的出现，标志着清朝律学已由单纯注释提高到有批判精神的境界。当然，薛氏批判的武器仍是儒家重德教、轻刑罚的理论。

1840 年，当英国用坚船利炮打破中国闭关锁国的封建壁垒时，一个 60 年后在中西法学之间架起桥梁的

"冰人"在浙江湖州浮星桥降生。他就是沈家本，后来成为清末最有成就的法学家。

1864 年，24 岁的沈家本继承父业进入刑部任职。他不仅办案精熟，而且"以律鸣于时"。50 年间，历任天津、保定知府，刑部左侍郎，大理院正卿，修订法律大臣，法部左侍郎，资政院副总裁等职。长期从事立法、司法实践工作，使他不得不研究"法学之论"。

在沈家本的几十种法学著述中，尤以其晚年所写《法学盛衰说》一文对近代法学影响最大。沈家本以儒家传统的礼法结合论为思想武器，考察了中国法学发展盛衰的历史，并总结出一条规律：法学之盛衰与政治息息相关，法学之盛虽然不能说政治必盛，但法学之衰则其政治必衰。中国法学衰败的原因，一是最高统治者不守法，不重视发展法学；一是立法者不执行法律，以致法律不为人所信。这是几千年来法学发展的最大障碍。沈家本在这里实际上探讨了法律与政治的辩证关系，其论述已深入到法理学领域。

沈家本的目的就是要求统治者重视法学在治理国家中的作用，并唤起人们对法学的研究，做到人人讨论法律，人人有法学之思想，这样就会出现"一法立而天下共守之，而世局亦随法学为转移"的局面。沈家本把法学的重要性提到前所未有的高度，并以法学的盛衰作为衡量政治好坏的一个重要标准，这是过去的律学家连想都不敢想的，也正是沈家本的一大贡献。显然，这是西方资产阶级法律决定论影响沈家本的结果。

沈家本这篇论文的重要意义在于，它宣告了中国传统律学的终结，标志着中国近代法学开始形成。首先，该文没有使用"律学"一词而改用"法学"一词，这是一个重大的变化。中国古代有"法学"一词，最早见于南齐孔稚圭《请置律学助教表》，但其内涵与"律学"同，因而中国古代律学家几乎不使用"法学"一词。沈家本接受了西方法理学，并用以研究律学，甚至将古代律学视为法学。但其文中"法学"则是从西方法学借用过来的，它不仅指"律学"，还包括执法、守法问题以及法律学术研究。其次，将法律、法学与政治、政治学联系起来，探讨其关系及发展规律，这也已远远超出了传统律学的范畴，深入到法理学领域。

沈家本用自己所理解的西方法学向封建律学、封建法制宣战。不过，由于时代所限，加上个人的政治经历，沈家本身上呈现双重性格：一方面，对西方法律文化持开放态度，主张以西方法律、法学取代传统法律文化；另一方面，则又无力摆脱传统法律文化，在某些问题上不得不向传统低头，甚至不得不借助传统之力来进行改革。

但与薛允升相比，沈家本在法学研究道路上毕竟前进了一大步。中国古代法学的研究方法主要是经义注疏、文字考证或各朝法律的比较。沈家本则突破了传统的研究方法，用西方近代法学理论、观点来研究中国古代法律。尽管由于对西方近代法学的了解有限，在比较研究中往往有牵强附会之处，但这丝毫不影响其法学研究的开拓意义。沈家本以其丰富的立法、司法实践经验和学贯中西的法学知识，不仅构筑了中国近代法学的框架，而且在中国古代法学通往近代法学的道路上架起了一座学术桥梁，以致在清末民初的中国社会掀起了法学研究的热潮。

3 兴学设会，推明法理

从历史上看，中国法学研究的第一次热潮出现于战国时期。其标志是诸子百家争鸣，都涉及"法"，尤以法家为长，甚至出现了有关论著。不过，诸子各家各派的划分并非以对法的研究方法或风格，而是多以其政治主张、立场为标准，即如《商君书》、《韩非子》等也不是专门的法学著作。

20世纪初期，中国社会掀起了第二次研究法学的热潮，中国近代法学形成并有了相当大的发展。其标志有二：一是出现了法学研究机构和刊物，一是纯粹的法学著作增多，涉及各部门法学。

1910年冬，京师法律学堂学生熊煜、王克忠倡议创设北京法学会。北京法学界纷纷响应，并求教于沈家本。沈家本非常赞成，认为这是中国近代法学萌芽、发展的结果，并捐款相助。11月，北京法学会正式成立，沈家本被推为会长，汪子健总理会务。学会制定了章程，并着手筹措经费。

1911年春，为推动法学研究，北京法学会在财政

七 法学研究与法学教育的形成、发展

学堂内设立法政研究所。汪子健约请日本刑法学家冈田朝太郎博士、民法学家志田钾太郎博士，各尽义务，分班讲课。同时，约请社会名流，筹划编辑各种杂志。1911年3月，《法学会杂志》创刊号出版，每月一期。辛亥革命爆发后停刊。

1913年春，经汪子健等奔走，由政府资助千金，北京法学会及《法学会杂志》复刊。时已73岁高龄的沈家本，闻讯欣然提笔为复刊的《法学会杂志》作序，由衷地祝愿从此之后中国法学昌明，以推动、促进政治改革及社会发展。

1914年，沈家本去世后不久，《法学会杂志》刊出由沈家本生前亲自编定的《寄簃文存三编》（前两编经沈氏亲订分别于1907、1908年由修订法律馆刊印）。

在此前后，还出版了许多法学著作。例如：1908年，天津书局出版了涂景瑜《中国监狱史》；1911年夏，修订法律馆刊行翻译西欧尤其是日本著名法学家著作而汇成的《法学名著》（沈家本非常重视此书的出版，曾亲自为之作序）；1913年，商务印书馆刊印《法规大全》，该书仿中国古代会典，集中翻译了日本明治维新以后的法规以及日译西方的法规，分为25类，包括宪法、民法、刑法、诉讼法、商法等，后附法规解字一编，以供检索，沈家本亲自作序；1925年，商务印书馆出版王振先的《中国古代法理学》；1927年，中华书局刊行梁启超《中国法理学发达史论》；商务印书馆出版徐朝阳《中国古代诉讼法》。三四十年代法学著作更是大量出版，如杨鸿烈《中国法律发达史》、《中国法律在东南亚诸国之影响》、《中国法律思想史》，徐朝阳《中国刑法溯源》，徐传保《先秦国际法之遗迹》，杨幼炯《中国近代立法史》，瞿同祖《中国法律与中国社会》，等等。

据《民国时期总书目》法律分册（书目文献出版社，1990），1911～1949 年期间，中国大陆出版中文法律图书约 4300 多种，包括法学、宪法、行政法、民法、婚姻家庭法、继承法、商法、刑法、诉讼法、应用法学、立法、司法、国际法、国际私法、法学工具书等 16 大类。

从北洋西学堂到京师法律学堂

作为近代最早的西式学堂，1862 年成立的京师同文馆开近代学教育之先河。在其学制八年的教学计划中规定第七年要开设国际法课，由翻译美国学者惠顿《国际法原理》的美国传教士丁韪良主讲。不过，这主要是当时办"洋务"的需要，并非从引入西式法学教育来考虑的。

1895 年 10 月 2 日，经光绪皇帝允准，中国近代第一所大学——天津北洋西学堂诞生。天津北洋西学堂，又称天津中西学堂，次年更名为北洋大学堂。1900 年停办，1903 年复校并改称北洋大学。这就是今日天津大学的前身。

北洋西学堂创办伊始，就以美式大学为办学模式，为近代高等学校的建立树立了规范和模式。其头等学堂即大学本科，设有四个科（系），其中之首即法科（法律系）。其课程设置、教学内容、教学方式，均以美国哈佛大学、耶鲁大学为标准，主要课程均聘请外国教习担任，毕业生可免试直接入哈佛、耶鲁等大学攻读研究生。这在中国是史无前例的。

北洋大学堂法科是近代中国第一个法律系，共开设 20 门课，其中法律学有 12 门：通商约章、律法总论、罗马律例、英国合同律、英国罪犯律、万国公法、商务律例、民间词讼律、英国宪章、田产易主律例、船政律例、听讼法则。

1899 年，北洋大学堂首届学生毕业，共 30 名。1900 年元月，颁发大学毕业文凭，其"钦定第一号"获得者即法科毕业生王宠惠。王宠惠有幸成为近代中国大学培养的第一批大学生暨法科毕业生，取得中国第一张大学毕业文凭。

北洋大学堂为近代中国培养了大批法学人才。1901 年，王宠惠赴日本留学，次年又赴美国耶鲁大学，后来获法学博士学位，当选为柏林比较法学学会会员。1912 年，王宠惠任南京临时政府外交总长，后任北京政府司法总长。南京国民政府时期，历任司法部长、司法院长、外交部长等，是近代中国著名的外交家、法学家。此外，还有著名经济学家马寅初、革命先驱张太雷等，都是北洋学子。

受北洋大学堂影响，1902 年，山西巡抚岑春煊奏请设立山西大学堂。这是新式省立大学的开始。其本科分为法、理、工科，课程设置仿北洋大学堂。至

1911 年，其法科共毕业学生 16 人。

北洋大学堂是洋务运动的产物。从派留学生出洋学习军事，发展到以西方大学模式建立高等学校，培养急需的法科专门人才，改变了 19 世纪中期以来仅以国际法学教学为主的法学教育的局面，表明了中国法制近代化的总体发展和传统法律观的转型。从此，中国近代法学教育蓬勃发展。

1898 年 8 月 9 日，京师大学堂在戊戌变法的高潮中于北京成立。但是，初设的 10 科（系）中并没有法科，仅在政科中设有法律学目。20 世纪初复校后才预备成立法政专科，下设法律学门。1910 年，京师大学堂正式办成分科大学，设经、文、法、理、农、工、商科。1912 年 5 月，改称北京大学，法科继续照办。1919 年将法科法律学门改为法律学系。

在法律高等教育发展的同时，近代法律职业教育也兴起并迅速发展。

1901 年，沈家本撰写了《设律博士议》专文，考证了古代律博士一职的沿革，并论证了设置律博士的必要性，提出，法律是专门之学，并不是一般能办一些案件的"俗吏"所能通晓的，必须要有"专门之人"去研究、探讨、讲解，只有这样，才能保障立法、司法至公至允。最后，他呼吁清朝最高统治者总结历史经验，在官制改革中重新设置自元朝以后废除的律博士，意在表明国家需要法学，以造成全社会重视法学的风气。这一建议显然反映了沈家本作为封建士大夫受传统文化影响的局限性，也未被清政府采纳。

1902 年，刚刚归国的修订法律大臣伍廷芳向修订法律馆首倡开设法律学堂，以培养讲解和执行新法律的人才。这一倡导绝非偶然。1845 年，3 岁的伍廷芳随父从新加坡归国，后就学于香港圣保罗书院。1874 年，自费留学英国林肯律师学院学习法律，学成后回香港执律师业，不久受聘为香港法官兼立法局议员。1882 年入李鸿章幕，1896 年始任驻美国、西班牙、秘鲁公使。这种特殊的经历，使伍廷芳对西方法制有直接的感性认识。因此，其建议比从小受传统文化熏陶而对西方认识仅来源于书本的沈家本，略高一筹。沈家本欣然同意伍廷芳的建议，并拟奏朝廷拨专款，设立法律学堂。

1905 年 4 月 24 日，沈家本上《删除律例内重法折》。该折所附第一奏片说，修订新律的同时应储备司法审判人才，为此应在京师设立法律学堂，考取各部属员入堂学习，毕业后派往各省佐理新政。所附第二奏片提出，在各省"课吏馆"内添设讲堂，专设仕学速成科目，自候补道府以至佐杂，年龄在 40 岁以下者，均令入学学习。其课程参照大学堂法律学门所列科目，及日本现设的法政速成科。6 个月为 1 学期，3 个学期毕业。考试合格者，造册上报中央，以便量才使用。同年 8 月，京师法律学堂开始筹建，各地也按奏定办法执行。

京师法律学堂"章程"规定：该学堂以"造就已仕人员，精研中外法律，各具政治知识，足资应用"为宗旨，目的在于短期内迅速有效地培养出急需的司法审判人才。学制三年。其课程比北洋大学堂纯粹引入美国法学教育模式有相当的发展，以使学生既能学习西方法律、法学知识，又能学习中国传统法律精华及其历史，尤其以新制定的法律体系为主。

1906 年 10 月，京师法律学堂正式开学。沈家本被任命为管理京师法律学堂事务大臣，日本著名法学家冈田朝太郎、松冈正义受聘任教。中国近代官办的第一所高等法律专业学校诞生。首批招生数百人，几年之内就培养出近千名熟悉中西法律的人才。

此后，各地也纷纷成立法政学堂。1910 年甚至推广私立法政学堂，以培养法官和律师。据统计，1909 ~ 1910 年，全国有各类高等专科学堂 97 所，学生 22262 人；其中法科学堂有 47 所，学生达 12282 人。

从北洋大学堂法律系到京师法律学堂，西方法学教育全面传入中国，并促进、影响了中国近代高等法学教育的形成、发展。各类法律学堂不仅传授西方法律、法学，而且以讲授清末所修订的法律为主，从而改变了北洋大学堂以传授西方法律为主的模式。将清末修订新律纳入近代法学教育科目中，又为推动法制近代化的进程，起到了非同寻常的作用。当然，京师法律学堂及各省法政学堂以培养在任官吏为目的，这就不能不带有极大的局限性。京师大学堂虽然扩大了招生范围，还招收各省中学堂毕业的学生，但是仍未以自由招收中学生为主。

20 世纪 20 ~ 40 年代，是中国高等法学教育发展的重要时期。高等学校迅猛发展，各校纷纷设置法律系

（法学院），基本上实现了自由招生，课程设置也逐渐规范化。据统计，1931 年，全国共有大学及独立学院 73 所，其中设有法学院的 29 所；1935 年，共有 80 所，设有法学院的 35 所；1949 年，全国设有法律院系的高校有 53 所。这表明中国法学教育的近代化又前进了一大步。

八 新民主主义革命法制的
建设与发展

1 新民主主义革命法制的
萌芽与奠基

1921 年，中国共产党成立，提出了反帝反封的口号和创建"真正民主共和国"的政治纲领。从此，中国社会进入了一个新的历史时期。为实现其政治纲领，中国共产党建立了各种形式的革命组织，制定了若干具有新民主主义性质的革命法规，如：1922 年 8 月的《劳动法案大纲》；被称为"工人政府的雏形"的省港罢工委员会，有 1925 年 7 月 23 日的《省港罢工委员会章程》、8 月 20 日的《省港罢工工人代表大会会议规则》、1926 年 3 月 5 日的《省港罢工工人代表大会组织法》、《省港罢工委员会组织法》；1927 年 3 月，上海第三次工人武装起义中建立的上海特别市临时市政府的《关于政治经济总要求的施政纲领》、《上海特别市民代表会议组织条例草案》；农民运动中建立的农民协会也制定了有关惩治土豪劣绅和减租减息的法规。

上述法规规定：建立工人、农民、市民代表会议，实行民主政治，保证人民自由权利；男女平等，保护妇女、儿童的权益；改革财政经济制度，提高生活水平；改革教育制度，推广平民教育；改革司法制度，废止死刑、肉刑，等等。虽然由于大革命的失败，这些法规未及实施，但却成为新民主主义革命法制的萌芽。

第二次国内革命战争时期，中国共产党创建的革命根据地各级工农民主政权（苏维埃），先后制定了一系列法律、法令、法规，建立起一个中国历史上未曾有的、与南京国民政府的立法根本对立的工农民主法制。

工农民主政权的法制建设，可分为三个阶段：第一阶段（1927～1931 年），土地革命的初期和中期；第二阶段（1931～1935 年），土地革命的发展时期；第三阶段（1935～1937 年），土地革命的后期。

第 阶段，是单命根据地的开辟和各地工农民主政权的创建时期。由于尚未形成统一的中央政权，各地工农民主政权依据中共中央关于土地革命、武装斗争的路线、方针、政策，制定地方性法规，主要是地方政权组织法和土地法。如地方政权组织法方面，有1927 年 11 月的《江西省苏维埃临时组织法》、《江西省苏维埃临时政纲》，1929 年 4 月的《兴国县革命委员会政纲》、10 月的《信江苏维埃政府政纲》、《湘鄂赣边革命委员会革命政纲》；土地法方面有 1928 年 12 月湘鄂边界政府的《井冈山土地法》、1929 年 4 月的《兴国土地法》。

第二阶段，是革命根据地的巩固、发展，中华苏维埃共和国的成立和建设时期。由于建立了统一的中央政权，颁布了一系列法律、法规，统一了苏区的法律制度，建立起粗具规模的新民主主义法律体系。

1931 年 11 月，在江西瑞金召开的第一次全国苏维埃代表大会通过了《中华苏维埃共和国宪法大纲》，这是中国历史上第一部人民民主的宪法性文件，共 17 条。《大纲》规定：中华苏维埃共和国"是工人和农民的民主专政国家"，其政权组织形式是工农兵苏维埃代表大会，基本任务是反帝反封建，确认并保护工农劳动群众的各项基本权利。作为工农民主政权的基本法，它是中国共产党领导人民制宪的最初尝试。由于缺乏经验，并受到党内"左"倾路线的影响，也存在着一定的缺陷，但在后期得到克服。

1931 年 12 月 1 日公布施行的《中华苏维埃共和国土地法》，是这一时期最重要的土地法，共 14 条。该土地法规定：没收一切地主、富农、反革命分子及农村公共土地，以"最有利于贫农、中农利益的办法"分配没收的土地，确定"地主不分田，富农分坏田"的原则。1934 年 4 月公布的《中华苏维埃共和国惩治反革命条例》是当时影响最大的刑事法规，共 41 条。该条例规定："凡一切图谋推翻或破坏苏维埃政府及工农民主革命所得到的权利、意图，保持或恢复豪绅地主资产阶级的统治者，不论用何种方法，都是反革命"；对反革命罪的处罚原则是严惩首犯、主犯；对各种反革命罪，根据具体情节，分别判处死刑、监禁、没收财产、剥夺公民权等刑罚。

1931 年公布《中华苏维埃共和国劳动法》。经修订，1933 年 10 月又颁布了新的《中华苏维埃共和国劳动法》，共 15 章 121 条。此项法令宣布废除对工人的各种封建剥削和一切压榨工人的陋规；规定工人有集会、结社和参加工会的权利；对工时、工资、青工和女工的特殊利益、劳动保护及劳资纠纷处理办法作了具体规定。

1931 年 12 月公布《中华苏维埃共和国婚姻条例》，共 7 章 23 条；1934 年 4 月又公布《中华苏维埃共和国婚姻法》，共 7 章 21 条。这两个有关婚姻的法规确定新婚姻制度的基本原则：男女婚姻自由，一夫一妻，男女平等；着重保护妇女、儿童的权益，并对结婚、离婚作了具体规定。

根据 1934 年 2 月的《中华苏维埃共和国中央苏维埃组织法》、1932 年 6 月的《中华苏维埃共和国裁判部暂行组织及裁判条例》，中央设立最高法院（临时最高法庭），行使国家最高审判权；地方设立省、县、区裁判部，审理一切民、刑事案件。1934 年 4 月颁布的《中华苏维埃共和国司法程序》规定：苏维埃司法机构采取公开审判制度、上诉制度，实行两审终审制。

第三阶段，是北上抗日，开创抗日民族统一战线的新时期。中国共产党的总路线是组织"最广泛的民族统一战线"。中华苏维埃共和国及其中央政府宣告：改变相关政策，以适合反对日本帝国主义的需要，代表中华民族的基本利益。如 1935 年 12 月 6 日的《中央关于改变对富农的策略的决定》，规定只没收富农出租剥削的土地；如果实行平分土地，富农也应和其他农民一样分得同等的土地。1936 年 7 月 22 日《中央关于土地政策的指示》进一步改变土地政策，决定没收一切汉奸卖国贼和地主阶级的土地，不没收富农的土地；但对地主在被没收土地之后，仍分给耕种份地，从而纠正了"左"倾错误。

② 新民主主义革命法制的形成与巩固

抗日战争时期，中国共产党领导的陕甘宁边区和在敌后开辟的 18 个抗日民主根据地，都成立了边区、县、乡（村）各级抗日民主政权。这一时期是中国新民主主义法制建设的重要发展阶段。各根据地的法制建设是在中共中央制定的抗日民族统一战线的总方针指导下，因地制宜，从实际出发进行的。因而，一方面，在某些公开场合下各根据地宣布承认国民党政府的法律，并对个别可解释为对人民有利的条文予以援用；另一方面，又制定了很多法规、法令，尤以陕甘宁边区最为典型，实际上否认国民党政府法律在各根据地的效力。这个时期的法制建设，不仅纠正了各种错误倾向，而且成绩突出，积累了丰富的法制经验，标志着新民主主义法制已经进入形成和巩固的新阶段。

1937 年 8 月，中共中央公布了《抗日救国十大纲领》。各抗日根据地以此为根据，先后公布了施政纲领。主要有：1937 年 11 月《陕甘宁特区政府施政纲领》，1939 年《陕甘宁边区抗战时期施政纲领》，1940 年《晋察冀边区目前施政纲领》，1941 年《晋冀鲁豫边区政府施政纲领》，1942 年《对巩固和建设晋西北的施政纲领》、《淮南苏皖边区施政纲领》，1943 年《山东省战时施政纲领》，等等。其中，《陕甘宁边区抗战时期施政纲领》最有代表性，共 28 条，由民族主义、民权主义和民生主义三部分组成。这些施政纲领具有抗日根据地根本法的性质，其主要内容都围绕着抗日、团结、民主三大中心任务。另外，有的根据地还颁布保护人权、财权的单行条例，如 1941 年《冀鲁豫保障人民权利暂行条例》，1942 年《陕甘宁边区保障人权财权条例》、《晋西北保障人权条例》等，都是施政纲领的重要补充。

各抗日根据地的土地立法以"减租减息"为中心内容。比较典型、影响较大的土地法规有：1938 年 2 月《晋察冀边区减租减息单行条例》（1940 年 2 月修订），1939 年 4 月《陕甘宁边区土地条例》，1941 年 11 月《晋冀鲁豫边区土地使用暂行条例》，1943 年 1 月《晋察冀边区租佃债息条例》，1943 年 9 月《陕甘宁边区土地典当纠纷处理原则及旧债纠纷处理原则》，等等。这些条例规定：保护土地所有权，减轻地租 25%，减轻债务利息。

各抗日根据地制定了很多单行刑事法规。如，陕甘宁边区政府的《惩治汉奸条例》、《惩治贪污条例》、《惩治盗匪条例》；晋察冀边区的《汉奸自首单行条例》、《破坏坚壁财物惩治办法》；山东省的《惩治贪污公粮暂行条例》、《禁烟治罪暂行条例》，等等。其突出特点是贯彻镇压与宽大相结合的刑法原则和法律面前人人平等的原则，将犯罪分为两大类：一是特种刑事犯罪，即汉奸罪、盗匪罪、破坏坚壁清野罪、烟毒罪和贪污罪；一是一般刑事犯罪，即盗窃罪、伤害罪、赌博罪和妨害金融贸易管理罪、妨害婚姻家庭罪。打击的重点是特种刑事犯罪。其主要任务是惩治汉奸特务，保护人民坚壁财产，惩治贪污行为，惩治盗匪，禁烟禁毒等。

这一时期比较典型的婚姻立法有：1939 年《陕甘宁边区婚姻条例》，1942 年 1 月《晋冀鲁豫边区婚姻暂行条例》，1942 年 12 月《陕甘宁边区抗属离婚处理办法》等。这些法规一方面继续贯彻苏区婚姻法的基本原则；另一方面，在婚龄、结婚和离婚的条件等方面作出了具体、灵活的规定。

各根据地劳动法的立法原则是，既保护工人利益，又强调团结资产阶级、开明绅士参加抗日，发展生产，在一定条件限制下鼓励资本主义发展。比较典型的劳动法规有：1941 年 11 月《晋冀鲁豫边区劳工保护条例》，1944 年晋察冀边区行政委员会《关于保护农村雇工的决定》，1942 年《陕甘宁边区劳动保护条例（草案）》，等等。条例规定，保护工人的合法权利，实行 8～10 小时工作制；工资的最低标准除工人本身之外，以再供养一个人至一个半人最低生活必需费用为准；男女同工共酬。另外对保护女工、青工、童工的特殊利益，必要的劳动保护及劳资纠纷的处理也都作了详细的规定。

各根据地还颁布了一系列法规，确定了抗日根据地的司法制度。这些法规主要有：陕甘宁边区 1939 年 4 月《高等法院组织条例》，1943 年 3 月《县司法处组织条例（草案）》、《民刑事件调解条例》；晋察冀边区 1940 年《陪审制暂行办法》，1942 年《行政村调解工作条例》；山东省 1941 年《陪审暂行办法》、《调解委员会暂行组织条例》。

根据这些法规，各边区建立了各级司法机关。边区设高等法院，下设刑事法庭和民事法庭，必要时组织巡回法庭。在各分区专员公署所在地设立高等法院分庭，作为高等法院的派出机构。各县设司法处或司法科（延安市设地方法院）。军队系统设立军法机关，审理违反军法的案件及依法由军法机关审判的案件。采用审检合　的原则，即检察机关附设于审判机关之内，边区高等法院内设检察处，独立行使检察权；地方司法机关一般不设专职检察人员。由于特殊的历史条件，强调中国共产党与抗日民主政权对司法工作的领导，反对单纯提倡"司法独立"。这不仅表现为司法行政机关与审判机关合一、审检合署，而且还表现为各边区往往以行政首长兼任司法首长。这在当时是完全必要的。

根据地审判制度的主要特点有：①审判权由司法机关统一行使，逮捕人犯只能由公安机关依法执行；②基本上实行两级两审制；③重证据不轻信口供，坚决废止肉刑，严禁刑讯逼供；④实行人民陪审员制度；⑤实行公开审判和辩护原则；⑥实行人民调解制度；⑦实行上诉制度和死刑、有期徒刑复核制度；⑧实行简便利民的诉讼手续，免收诉讼费；⑨实行群众路线的审判方式，如公审制、巡回审判、就地办案。著名的"马锡五审判方式"，就是在此基础上发展起来的。

马锡五（1898～1962）在担任陕甘宁边区陇东专署兼边区高等法院陇东分庭庭长期间，将中国共产党群众路线的工作方针运用于司法审判工作，深入农村，调查研究，依靠群众，尊重群众意见，同时又注意在审判活动中使群众受到教育，方便群众诉讼，手续简便，不拘形式，纠正错案，解决疑难案件，被誉为"马青天"。其审判工作经验集中体现了边区司法制度的民主性和公正性，被总结为"马锡五审判方式"，在各抗日根据地得到推广。

3 新民主主义革命法制
向全国胜利发展

第三次国内革命战争时期，中国的新民主主义革命已经进入武装夺取全国政权的阶段。各根据地由小到大形成了几个大的解放区。各解放区政府围绕发动群众、争取人民解放战争的全面胜利这一中心任务，制定或修订了各种法律、法令。当时中央政府尚未成立，中共中央制定发布的很多政策以及军政部门的文告、指示也具有法律的性质。这一时期人民民主政权的法律建设，总结了工农民主政权时期和抗日战争时期法制建设的经验教训，更加充实、完善，为中华人民共和国的法制建设创造了条件，具有重要的历史意义。

各解放区人民民主政权的宪法性施政纲领经历了两个发展阶段。第一阶段是抗日战争胜利至解放战争初期，典型的有：1946 年 4 月《陕甘宁边区宪法原则》，1946 年 8 月《东北各省市民主政府共同施政纲领》，1947 年 4 月《内蒙古自治政府施政纲领》，等等。其主要内容是依据 1946 年 1 月政治协商会议所通过的《宪草修改原则》，进一步加强解放区的政权建设，捍卫人民的胜利果实。其主要特点是：①在政权建设上从参议会向人民代表会议制度过渡；②反对内战独裁；③以"耕者有其田"为目标，为土地改革作准备；④强调实行民族区域自治的原则。第二阶段是自人民解放军发动战略反攻至中华人民共和国成立以前。主要有 1947 年 7 月《中国人民解放军宣言》，提出"打倒蒋介石，解放全中国"的口号，并宣布了中国共产党的八项基本政策，具有重要的法律意义。其典型代表是 1948 年 8 月《华北人民政府施政方针》，由"序言"、"军事方面"、"政治方面"、"文化教育方面"、"关于新解放区与新解放城市的政策"五部分组成。其主要内容是：①确定华北人民政府的主要任务是为解放全国作好人力、物力、财力的准备；②确立各级人民代表会议制度，规定华北人民政府设华北人民政府委员会，日后成为中央人民政府的雏形；③着重阐明经济政策，规定农村实行土地改革，发展并保护工商业，以国营企业领导私营企业；④宣布对新解放区与新城市采取保护和建设的方针。

解放区土地、劳动、经济立法的指导原则是新民主主义的三大经济纲领，即没收封建阶级的土地归农民所有，没收蒋介石、宋子文、孔祥熙、陈果夫为首的垄断资本归新民主主义的国家所有，保护民族工商业。

1946年5月4日，中共中央发出《关于土地问题的指示》（简称"五四指示"），将以减租减息为主要内容的土地政策改为没收地主土地分配给农民、实行土地改革的土地政策。1947年9月的《中国土地法大纲》就是这一时期最重要的土地法规，共16条，主要内容是：宣布废除封建性、半封建性剥削的土地制度；确定以乡村为单位、按人口平均分配一切土地；确认人民对所分得土地的所有权；确定土地改革的合法执行机关为各级农民代表大会与政府派人组成的人民法庭，审判一切违抗、破坏土改的罪犯；确认保护工商业原则。1948年2月，中共中央又发出《关于在老区半老区进行土地改革工作与整党工作的指示》，规定已经过土地改革的老区（抗战胜利前的根据地）和半老区（抗战胜利后至1947年7月前所解放地区），不再平分土地。

1948年8月，第六次全国劳动大会通过了《关于中国职工运动当前任务的决议》。1949年8月，华北人民政府批准发布《关于在国营、公营工厂企业中建立工厂管理委员会与工厂职工代表会议的实施条例》；

1948 年 12 月东北行政委员会公布《东北公营企业战时暂行劳动保险条例》；1949 年 7 月，全国工会工作会议通过并发布了《关于劳资关系暂行处理办法》、《关于私营工商业劳资双方订立集体合同的暂行办法》、《劳动争议解决程序的暂行办法》。其主要特点是，强调工人有参与企业管理的权利，详细规定了劳动保险制度，强调"劳资两利"的原则。

1948 年 2 月，中共中央发出《关于工商业政策的指示》，强调"发展生产、繁荣经济、公私兼顾、劳资两利"的方针。据此，各解放区制定了保护工商业的法规。如 1948 年陕甘宁边区政府的《关于保护工商业的布告》、华北人民政府的《华北区工商业申请营业等级暂行办法》；1949 年的《北平市药商申请注册发给许可证暂行办法》、《北平市人民政府管理摊贩暂行办法》、《天津市管理广告规则》、《陕甘宁边区农业税暂行条例》；等等。

各解放区的刑事立法主要有：1948 年 1 月晋冀鲁豫边区政府的《破坏土地改革治罪暂行条例》，1949 年 1 月华北人民政府的《解散所有会道门封建迷信组织的布告》，7 月《华北区禁烟禁毒暂行条例》，9 月《辽北省惩治杀伤犯暂行办法（草案）》、《辽北省惩治窃盗犯暂行办法（草案）》，等等。总体上看，刑事立法比抗日战争时期有所发展。在刑法原则方面，将惩办与宽大相结合的原则明确为"首恶者必办，胁从者不问，立功者受奖"，重点打击一小撮地主、恶霸、汉奸、战争罪犯及各类反革命分子；在刑罚制度上创立

"管制"这一新刑种，即将已登记的反动分子交给当地政府及群众监督，责令其每隔一定时间必须向指定机关报告其行动，限制其自由。其主要任务是：摧毁一切反动组织，镇压反革命分子，保证人民解放战争的胜利进行。

这一时期的司法机关，先后建立过人民法庭、军事法庭和各级人民法院（包括大行政区、省〔市〕、县人民法院），都实行三级终审制。在诉讼制度方面，也根据新的经验制定了新法规，如 1948 年 11 月《华北人民政府关于县市公安机关与司法机关处理刑事案件权责的规定》、《华北人民政府关于取消讼费及区村介绍起诉制度的通令》，1948 年《哈尔滨特别市民事刑事诉讼暂行条例（草案）》，1949 年 3 月《天津市人民政府关于调解程序暂行规则》，1949 年 8 月《上海市人民法院办理民刑案件暂行办法》，等等。

为了统一认识，确立人民司法原则，1949 年 2 月，中共中央发出《关于废除国民党的〈六法全书〉与确定解放区的司法原则的指示》；4 月，华北人民政府发出《为废除国民党的〈六法全书〉及一切反动法律的训令》。其主要精神是，宣布废除国民党的全部法律制度，废除国民党政府的法律体系；确定解放区的司法原则，即以人民政府、人民解放军已发布的各种纲领、法律、命令、条例、决议为依据；以上纲领、法律、命令、条例、决议无规定的，以新民主主义政策为依据，进一步明确了人民司法工作的方向，为新中国法制建设奠定了基础。

参考书目

1. 蒲坚主编《中国法制史》，光明日报出版社，1987。

2. 曾宪义、张晋藩著《中国宪法史略》，北京出版社，1978。

3. 张国福著《中华民国法制简史》，北京大学出版社，1986。

4. 范明辛、雷晟生编著《中国近代法制史》，陕西人民出版社，1988。

5. 张国华、饶鑫贤主编《中国法律思想史纲》，甘肃人民出版社，1984。

6. 张晋藩、杨堪、林中著《中国近代法律思想史略》，中国社会科学出版社，1984。

7. 李贵连著《沈家本与中国法律现代化》，光明日报出版社，1989。

8. 张国福著《民国宪法史》，华文出版社，1991。

9. 武树臣等著《中国传统法律文化》，北京大学出版社，1994。

10. 张希坡主编《革命根据地法制史》，法律出版社，1994。

《中国史话》总目录

153

系列名	序号	书名	作者
物化历史系列（28种）	30	石器史话	李宗山
	31	石刻史话	赵 超
	32	古玉史话	卢兆荫
	33	青铜器史话	曹淑芹 殷玮璋
	34	简牍史话	王子今 赵宠亮
	35	陶瓷史话	谢端琚 马文宽
	36	玻璃器史话	安家瑶
	37	家具史话	李宗山
	38	文房四宝史话	李雪梅 安久亮
制度、名物与史事沿革系列（20种）	39	中国早期国家史话	王 和
	40	中华民族史话	陈琳国 陈 群
	41	官制史话	谢保成
	42	宰相史话	刘晖春
	43	监察史话	王 正
	44	科举史话	李尚英
	45	状元史话	宋元强
	46	学校史话	樊克政
	47	书院史话	樊克政
	48	赋役制度史话	徐东升
	49	军制史话	刘昭祥 王晓卫
	50	兵器史话	杨 毅 杨 泓
	51	名战史话	黄朴民
	52	屯田史话	张印栋
	53	商业史话	吴 慧
	54	货币史话	刘精诚 李祖德
	55	宫廷政治史话	任士英
	56	变法史话	王子今
	57	和亲史话	宋 超
	58	海疆开发史话	安 京

系列名	序号	书 名	作 者
交通与交流系列（13种）	59	丝绸之路史话	孟凡人
	60	海上丝路史话	杜 瑜
	61	漕运史话	江太新　苏金玉
	62	驿道史话	王子今
	63	旅行史话	黄石林
	64	航海史话	王 杰　李宝民　王 莉
	65	交通工具史话	郑若葵
	66	中西交流史话	张国刚
	67	满汉文化交流史话	定宜庄
	68	汉藏文化交流史话	刘 忠
	69	蒙藏文化交流史话	丁守璞　杨恩洪
	70	中日文化交流史话	冯佐哲
	71	中国阿拉伯文化交流史话	宋 岘
思想学术系列（21种）	72	文明起源史话	杜金鹏　焦天龙
	73	汉字史话	郭小武
	74	天文学史话	冯 时
	75	地理学史话	杜 瑜
	76	儒家史话	孙开泰
	77	法家史话	孙开泰
	78	兵家史话	王晓卫
	79	玄学史话	张齐明
	80	道教史话	王 卡
	81	佛教史话	魏道儒
	82	中国基督教史话	王美秀
	83	民间信仰史话	侯 杰
	84	训诂学史话	周信炎
	85	帛书史话	陈松长
	86	四书五经史话	黄鸿春

系列名	序号	书 名	作 者
思想学术系列（21种）	87	史学史话	谢保成
	88	哲学史话	谷 方
	89	方志史话	卫家雄
	90	考古学史话	朱乃诚
	91	物理学史话	王 冰
	92	地图史话	朱玲玲
文学艺术系列（8种）	93	书法史话	朱守道
	94	绘画史话	李福顺
	95	诗歌史话	陶文鹏
	96	散文史话	郑永晓
	97	音韵史话	张惠英
	98	戏曲史话	王卫民
	99	小说史话	周中明 吴家荣
	100	杂技史话	崔乐泉
社会风俗系列（13种）	101	宗族史话	冯尔康 阎爱民
	102	家庭史话	张国刚
	103	婚姻史话	张 涛 项永琴
	104	礼俗史话	王贵民
	105	节俗史话	韩养民 郭兴文
	106	饮食史话	王仁湘
	107	饮茶史话	王仁湘 杨焕新
	108	饮酒史话	袁立泽
	109	服饰史话	赵连赏
	110	体育史话	崔乐泉
	111	养生史话	罗时铭
	112	收藏史话	李雪梅
	113	丧葬史话	张捷夫

系列名	序号	书　名	作　者	
近代政治史系列（28种）	114	鸦片战争史话	朱谐汉	
	115	太平天国史话	张远鹏	
	116	洋务运动史话	丁贤俊	
	117	甲午战争史话	寇伟	
	118	戊戌维新运动史话	刘悦斌	
	119	义和团史话	卞修跃	
	120	辛亥革命史话	张海鹏	邓红洲
	121	五四运动史话	常丕军	
	122	北洋政府史话	潘荣	魏又行
	123	国民政府史话	郑则民	
	124	十年内战史话	贾维	
	125	中华苏维埃史话	杨丽琼	刘强
	126	西安事变史话	李义彬	
	127	抗日战争史话	荣维木	
	128	陕甘宁边区政府史话	刘东社	刘全娥
	129	解放战争史话	朱宗震	汪朝光
	130	革命根据地史话	马洪武	王明生
	131	中国人民解放军史话	荣维木	
	132	宪政史话	徐辉琪	付建成
	133	工人运动史话	唐玉良	高爱娣
	134	农民运动史话	方之光	龚云
	135	青年运动史话	郭贵儒	
	136	妇女运动史话	刘红	刘光永
	137	土地改革史话	董志凯	陈廷煊
	138	买办史话	潘君祥	顾柏荣
	139	四大家族史话	江绍贞	
	140	汪伪政权史话	闻少华	
	141	伪满洲国史话	齐福霖	

系列名	序 号	书 名	作 者
近代经济生活系列（17种）	142	人口史话	姜 涛
	143	禁烟史话	王宏斌
	144	海关史话	陈霞飞　蔡渭洲
	145	铁路史话	龚 云
	146	矿业史话	纪 辛
	147	航运史话	张后铨
	148	邮政史话	修晓波
	149	金融史话	陈争平
	150	通货膨胀史话	郑起东
	151	外债史话	陈争平
	152	商会史话	虞和平
	153	农业改进史话	章 楷
	154	民族工业发展史话	徐建生
	155	灾荒史话	刘仰东　夏明方
	156	流民史话	池子华
	157	秘密社会史话	刘才赋
	158	旗人史话	刘小萌
近代中外关系系列（13种）	159	西洋器物传入中国史话	隋元芬
	160	中外不平等条约史话	李育民
	161	开埠史话	杜 语
	162	教案史话	夏春涛
	163	中英关系史话	孙 庆
	164	中法关系史话	葛夫平
	165	中德关系史话	杜继东
	166	中日关系史话	王建朗
	167	中美关系史话	陶文钊
	168	中俄关系史话	薛衔天
	169	中苏关系史话	黄纪莲
	170	华侨史话	陈 民　任贵祥
	171	华工史话	董丛林

系列名	序号	书　名	作　者
近代精神文化系列（18种）	172	政治思想史话	朱志敏
	173	伦理道德史话	马　勇
	174	启蒙思潮史话	彭平一
	175	三民主义史话	贺　渊
	176	社会主义思潮史话	张　武　张艳国　喻承久
	177	无政府主义思潮史话	汤庭芬
	178	教育史话	朱从兵
	179	大学史话	金以林
	180	留学史话	刘志强　张学继
	181	法制史话	李　力
	182	报刊史话	李仲明
	183	出版史话	刘俐娜
	184	科学技术史话	姜　超
	185	翻译史话	王晓丹
	186	美术史话	龚产兴
	187	音乐史话	梁茂春
	188	电影史话	孙立峰
	189	话剧史话	梁淑安
近代区域文化系列（11种）	190	北京史话	果鸿孝
	191	上海史话	马学强　宋钻友
	192	天津史话	罗澍伟
	193	广州史话	张　苹　张　磊
	194	武汉史话	皮明庥　郑自来
	195	重庆史话	隗瀛涛　沈松平
	196	新疆史话	王建民
	197	西藏史话	徐志民
	198	香港史话	刘蜀永
	199	澳门史话	邓开颂　陆晓敏　杨仁飞
	200	台湾史话	程朝云

《中国史话》主要编辑
出版发行人

总 策 划	谢寿光　　王　正
执行策划	杨　群　　徐思彦　　宋月华
	梁艳玲　　刘晖春　　张国春
统　　筹	黄　丹　　宋淑洁
设计总监	孙元明
市场推广	蔡继辉　　刘德顺　　李丽丽
责任印制	郭　妍　　岳　阳